区域教育治理现代化丛书 / 总主编 卢晓中

区域教育治理与大数据应用

宋 宇 卢晓中 郝天永 著

华南理工大学出版社

·广州·

图书在版编目（CIP）数据

区域教育治理与大数据应用/宋宇，卢晓中，郝天永著.—广州：华南理工大学出版社，2020.4

ISBN 978-7-5623-6270-8

Ⅰ.①区… Ⅱ.①宋… ②卢… ③郝… Ⅲ.①数据处理-应用-地方教育-教育管理-研究-中国 Ⅳ.①G527-39

中国版本图书馆 CIP 数据核字（2020）第 037257 号

区域教育治理与大数据应用
宋宇　卢晓中　郝天永　著

出 版 人：卢家明
出版发行：华南理工大学出版社
（广州五山华南理工大学17号楼，邮编510640）
http://www.scutpress.com.cn　E-mail: scutc13@ scut. edu. cn
营销部电话：020-87113487　87111048（传真）
责任编辑：黄冰莹
印 刷 者：佛山市浩文彩色印刷有限公司
开　　本：787mm×1092mm　1/16　印张：11.75　字数：261千
版　　次：2020年4月第1版　2020年4月第1次印刷
定　　价：45.00元

版权所有　盗版必究　印装差错　负责调换

前　言

2019年中共中央、国务院发布的《中国教育现代化2035》提出"加快信息化时代教育变革，推进教育治理方式变革，推进管理精准化和决策科学化"。随着信息技术的飞速发展，大数据正在成为服务区域教育治理的重要工具，是提升治理能力的有力手段。为了更好地促进大数据与教育的融合发展，发挥大数据服务于区域教育治理的功能，华南师范大学教育科学学院联合华南师范大学计算机科学学院、中兴发展有限公司、香港可持续发展教育研究院的力量组建了粤港澳大湾区教育发展高等研究院区域教育治理大数据中心（以下简称为"中心"），共同开展区域教育治理与大数据研究和应用工作。

中心力争通过大数据促进区域教育资源的贯通，实现多层次、多维度数据的有效集成和共享，在区域范围内构建集高效快捷的数据采集、安全的数据存储、智能动态的分析挖掘与预测，以及可视化的结果输出为一体的新型教育治理大数据无缝流转的生态系统。目的在于有效促进教育监测评价、预测预警功能的实现，通过大数据加持，洞悉教育事件背后所蕴含的深层逻辑，实现区域教育资源的统筹规划，为解决现实的教育治理难题提供全新的技术支撑，提高政府教育应急管理能力和科学决策能力，更加准确、科学、客观、立体地反映教育问题、进展与未来。促进教育治理模式由"静态化""扁平化"治理向"动态化""立体化"治理转变，提升区域教育治理的整体水平。

中心汇集教育科学、计算机与人工智能等多领域的专家学者和工程技术人员组成团队：教育科学领域的专家学者在区域教育治理研究工作中显示了扎实的理论功底；计算机领域的专家学者的专长在于教育大数据理论研究，中兴发展的高级工程师在系统搭建和工程应用方面发挥了重要作用；香港可持续发展教育研究院的专家学者为项目提供了国际比较视野，为区域教育治理研究衔接粤港澳大湾区奠定了基础。团队的紧密合作促进了教育领域与计算机科学领域的学科交叉，在理论研究、技术和方法上取得了创新性成果与突破，理论研究与实践应用得到良好衔接，更好地实现教育监测评价、预测预警与科学决策等功能。

教育与大数据的融合方兴未艾，不同专家学者从各自角度进行了一系列理论论述与试验，但是鲜有团队聚焦区域教育治理大数据的研究与应用。项目从谋划到开展已经进行了一年多的时间，从理论研究、技术方法研制到系统搭建，再到试点应用可谓困难重重、"摸着石头过河"。感谢周洪宇教授、丁刚教授、刘复兴教授、汤庸教授、张珏研究员、高书国研究员等专家学者以及广州市教育研究院对本项目的大力支持，也感谢张沁、王晓磊、陈斌、林姬佺、丁莹等团队成员的鼎力支持、充分信任和密切配合。团队充分听取理论技术专家、政府部门、企业、学校的宝贵意见和建议，多次召开专家咨询研讨会，力争理论技术能够符合教育实际需求，使区域教育治理大数据的研究成果能够真正落地，服务于区域教育发展。

本书围绕"区域教育治理大数据"这一主旨，探讨了如何通过更新评价理念和技术提升区域教育治理能力，系统阐述了区域教育大数据研究的理论和技术成果。具体包括大数据与区域教育治理（第一章）、教育指标体系回顾与分析（第二章）、区域教育指标体系建设（第三章）、区域教育指标体系权重计算（第四章）、大数据与区域教育监测评价（第五章）、面向区域教育治理的预测与预警技术（第六章）、护航区域教育大数据健康安全发展（第七章），通过破解理论、技术、机制难题，力图提升区域教育治理的科学性、精准性和前瞻性，推进教育治理能力和治理体系现代化建设。

本书是国内较早尝试大数据与区域教育治理结合的成果，书中有不严谨、不完善之处欢迎各位读者多提宝贵意见与建议。希望本书能起到"抛砖引玉"的作用，吸引更多的专家学者和政府部门投入到区域教育治理大数据的研究与应用中来，助推教育治理水平更上台阶，促进区域教育优质均衡可持续发展。

作者

2019 年 12 月

目 录

第一章 大数据与区域教育治理 … 1
- 第一节 大数据与区域教育治理结合的必要性 … 1
- 第二节 大数据应用于区域教育治理的瓶颈 … 2
- 第三节 大数据应用于区域教育治理的着力点 … 4

第二章 教育指标体系回顾与分析 … 8
- 第一节 指标体系建构方法 … 8
- 第二节 主要教育指标体系梳理 … 14

第三章 区域教育指标体系建设 … 69
- 第一节 指标体系提出依据 … 69
- 第二节 主要指标解读 … 71
- 第三节 指标采集与测量 … 79

第四章 区域教育指标体系权重计算 … 112
- 第一节 基于德尔斐法和层次分析法的权重计算模型 … 113
- 第二节 混合式动态权重计算模型 … 117
- 第三节 面向区域教育指标体系的权重计算 … 120
- 第四节 小结与展望 … 138

第五章 大数据与区域教育监测评价 … 139
- 第一节 教育大数据概述 … 139
- 第二节 数据预处理技术 … 143
- 第三节 教育大数据分析挖掘技术 … 144
- 第四节 教育大数据可视化技术 … 150

第六章 面向区域教育治理的预测与预警技术 … 159
- 第一节 教育预测与预警概述 … 159
- 第二节 面向区域教育治理的预测与预警技术 … 161
- 第三节 小结 … 170

第七章 护航区域教育大数据健康安全发展 … 171
- 第一节 构建贯穿大数据采集、存储、使用全过程的安全健康发展体系 … 171
- 第二节 护航系统平台安全健康发展 … 173
- 第三节 提高信息素养,确保数据应用的安全与合规 … 174

参考文献 … 176

第一章　大数据与区域教育治理

党的十九届四中全会通过了中共中央关于《坚持和完善中国特色社会主义制度，推进国家治理体系和治理能力现代化若干重大问题的决定》，明确了坚持和完善中国特色社会主义制度，推进国家治理体系与治理能力现代化的总体要求、总体目标和重点任务。教育治理体系与治理能力现代化是国家治理体系与治理能力现代化的重要组成部分，完善教育治理体系、提升教育治理能力是我国加快实现教育现代化的主要任务，是办好人民满意教育的必由之路。随着信息技术的飞速发展，大数据正在成为服务区域教育治理的重要工具，是提升教育治理能力的有力手段。区域教育大数据的建设是推进教育现代化、建设教育强国的基础支撑，有助于提升政府治理效能，提高教育评价监测的质量，发挥预测预警的功能，增强教育决策的针对性与科学性，促进区域教育优质均衡可持续发展。

第一节　大数据与区域教育治理结合的必要性

2019年中共中央、国务院发布《中国教育现代化2035》，提出要加快信息化时代教育变革，推进教育治理方式变革，推进管理精准化和决策科学化。作为一种新兴的理论和实践范式，教育治理强调多元主体共同参与对教育事务的管理，从传统的教育管理到现代化的教育治理，虽仅有一字之差，但实际意义却大不相同，这其中突出的是政府职能的转变，从强调政府作为单一主体的自上而下对社会的控制转变为政府发挥主导作用，学校、社会共同参与的共治局面。[1]通过深入推进教育管办评分离，政府对区域教育的管理逐渐脱离绝对权威性、强制性的传统角色，政府一方面向学校下放权力，保障和提高学校办学自主权；另一方面向各类社会组织转移权力，提高其专业性和独立性，更好地发挥社会组织咨政建言的作用。但是，共同治理并不意味着政府作用的削弱和衰退，政府依然需要发挥主导作用，承担把握教育发展方向、设定教育行动目标、统筹协调教育资源，科学制定教育决策的重任。

教育发展面临不平衡不充分的问题，不同区域的教育发展进程、主要问题也不尽相同，教育治理只有与区域实际相结合才能更富有针对性和实效性。为此，区域教育治理日显重要，区域教育治理是在特定区域范围之内，地方政府主导下多元主体共同参与的教育管理，政府、学校和社会加强对话与协商，是对区域教育事务进行公开透明管理的过程。[2]区域覆盖范围可大可小，从国家到区县均属于其范畴，一般来说，其所探讨的区域教育治理主要侧重于省、市、县级区域，以期为地方教育发展提供参照。聚焦区域教育治理有助于更好地解决区域内教育问题，维护和增进区域教育的公共利益，提高区域教育服务效率，提升区域教育服务质量，促进区域教育高质量可持续发展。[3]"治理为本，区域先行"逐渐成为我国改革的重要路径，[4]区域治理积累的理论基础和实践经验将为我国深化教育综合改革提供范本和支撑。

随着物联网、可穿戴设备、人工智能等信息技术的发展,大数据日益成为提升教育治理能力的新手段。大数据是基础性战略资源,运用大数据推动教育发展、服务区域教育治理正成为趋势。加快大数据建设,深化大数据应用,已成为推动区域教育治理体系和治理能力现代化的内在需要和必然选择。当前学术界尚未形成对大数据统一的定义,但普遍形成的共识是大数据具有数据量巨大、数据类型和来源种类多样、数据输入输出快速、真实性强、应用价值高等特征,作为大数据的细分领域,教育大数据是教育活动运行过程中的数据,它能够反映教育系统运行过程中的真实状况,能够揭示传统技术方式难以展现的关联关系,有助于对教育问题进行动态追踪,有助于挖掘教育发展的整体面貌并进行系统描绘,为有效应对区域教育治理中的复杂问题和情况提供了技术可行性。

为了更好地发挥大数据的作用,政府应培育大数据服务意识,深化大数据应用,挖掘大数据价值。传统的教育评价主要发挥监督检查的功能,利用问卷调查等手段获取各地区、学校的数据,目的在于评估和考核政府教育治理水平,进而作为资源分配与绩效考核的依据,这种理念导向下的评估结果重在比较,容易出现虚报数据、隐瞒问题等现象,往往难以了解真实情况。著名教育测量与评价专家斯塔费尔比姆指出:"评价最重要的意图不是为了证明,而是为了改进。"[5]大数据作为新型教育治理手段,应拓展教育评价的功能,突破传统评估考核功能的局限,突出服务政府教育治理的功效。大数据支持下的区域教育治理能力主要有三方面提升路径:第一,增强监测评价的科学性。大数据技术能够更新区域教育治理中的资料获取方式,丰富了教育统计数据的来源,不仅包括报送性数据,还能获取伴生性数据,将阶段性、静态的调查转变为全过程、动态化的监测,有助于科学评价评测区域教育的进展,是实施质量监测的重要手段。第二,提高预测预警的精准性。大数据沉淀有丰富的信息,通过数据挖掘可以将隐含的教育规律及其演化趋势展现出来,提高对教育发展和潜在问题的预见性和前瞻性,使教育决策部门提前了解并预测区域内教育发展的需求趋势,由事后补救转向事前预警。第三,发挥辅助决策、规划功能。大数据有助于提高政府统筹规划能力,通过推动政府数据开放共享,促进教育事业数据融合和资源整合,提高区域内及区域间教育资源配置的合理性,促进区域教育优质均衡发展。通过建立"用数据说话、用数据决策、用数据管理、用数据创新"的机制,提高教育决策水平的针对性与科学性,推动政府治理能力和教育治理模式进步。

第二节 大数据应用于区域教育治理的瓶颈

教育大数据的发展已经引起国内外学者的广泛关注,特别是在学习分析、自适应个性化学习等微观领域取得了一系列有价值的研究成果,为其应用和持续发展奠定了良好的基础,但是大数据与区域教育治理的结合还处于起步阶段,大数据有效应用和服务于区域教育治理的案例也鲜有耳闻。主要存在以下五方面的瓶颈。

一、宏观层面和微观层面的数据缺乏有效整合

在宏观层面，以政府主导的教育质量监测和评价是目前区域教育治理的主要依托手段。区域的"入学率""巩固率""生师比""生均拨款"等指标为较常见的监测内容，这类监测指标能够从宏观层面反映区域教育的发展水平，数据具有结构化的特点，便于分析与监测，在长期发展过程中形成了较为全面的指标体系。但是，仅仅依赖宏观层面的结构化数据难以实施精细化分析与挖掘，难以展现丰富的区域教育治理信息。为此，近期越来越多的声音呼吁关注学生学习和教师教学过程中的微观数据，借助大数据的分析和挖掘手段，致力于通过自下而上的方式反映区域教育治理的问题和进展。这类数据具有过程性、实时性的特征，是教育过程的实时和真实的记录，能够较为精准而细致地反映区域教育发展的现状与未来趋势。常见的微观层面的教育大数据包括学生学科能力表现、综合素养、体质健康、心理健康、学习行为特征、教学行为特征等。但是由于数据难清洗、价值密度低等原因，微观层面的大数据应用还处于探索阶段，较为分散和碎片化，其如何有效对标于区域教育治理的目标还有待深入研究。宏观层面与微观层面的数据各有其优势，也存在相应的短板，亟待整合多层面的数据资源，以期立体、综合地反映区域教育发展的水平，实现对区域教育治理的全方位监测。

二、教育治理中数据采集、存储和处理技术相对落后

在数据采集方面，多依赖于报送式数据采集方式，而伴生性、过程性的数据采集方式还没有得到有效应用。报送式数据采集是指由政府或专业人员发起，按照一定需求和目标编制问卷和表格，进而组织学生、老师等相关人员填写并报送数据的方式，这仍是当前教育治理数据获取的主要方式。伴生性数据是指教育活动过程中相伴产生的数据集合，多需要借助可穿戴设备、物联网、人工智能等技术进行采集和分析，随着技术的发展，大数据采集技术在交通、医疗等方面已获得有效利用，但是在教育领域还较少得到应用。在数据存储和处理方面，教育大数据主要包含文本、音频、图像视频三种类型，数据存储要同时满足结构化、半结构化与无结构化的存储需求。数据清洗是大数据处理的基础工作，如何在大量的数据集合中抽取出有价值信息是教育大数据应用的难点所在，如果只能对教育发展现状进行一般性记录，则大数据的价值无法充分发掘，也不能为政府教育治理做出有效指导。目前，教学与学习过程中产生的文本、音频、图像视频等多元异构数据还没有得到有效处理与集成利用，这也是制约教育发展的重要因素。

三、大数据多应用于评价监测，而较少发挥预测预警的功能

要实现区域教育的有效治理需要深度挖掘数据资源，大数据不仅要发挥监测评价的功能，还要能够对区域教育的未来方向进行有效的预测以及问题预警。传统的教育治理多依赖于定期的抽样调查，全样本、全过程的大数据采集多停留在理念与试验层面，那么，抽样调查的群体是否能够较为全面地反映总体的情况仍

存在质疑。随着大数据技术的发展，政府和督导部门开始探索应用大数据进行教育监测和评价。但是，大数据关联性和深度化的分析功能还没有充分发挥，难以为预测、预警区域教育发展态势提供技术支撑，难以解决区域教育治理中统筹配置资源的问题，难以有效指导教育规划和教育决策，教育治理模式更多是一种静态的"谋而后动"，而非动态的"随动而谋"。

四、区域中不同数据平台和统计口径之间难以贯通

"信息孤岛"和"信息矛盾"现象并存，各部门建立不同的统计口径和平台，经费监管的数据、学生在学和就业数据、科研数据、继续教育数据、学生资助数据、留学和回国数据等分属于不同的单位管理，且平台或口径之间无法贯通，各级地方政府的教育数据也多为"独立王国"，教育信息存在诸多孤岛，所建平台缺乏统一规划，部分统计内容有重合现象，不仅加重了学校以及教师、学生的负担，还容易造成资源的浪费，还难以从整体上对教育发展状况、定位形成清晰客观的认识。此外，不同地区针对同一或相似的区域教育治理目标可能设置了不同的观测维度与指标，区域间教育发展的水平和差异无法进行有效的比较，不利于实现区域教育的优质均衡发展。随着教育改革的深入，教育发展面临的问题也愈加错综复杂，如何利用大数据的整合和优化技术统筹多部门、多口径的信息资源，并且以可视化的方式呈现是亟待破解的难题。

五、缺乏大数据应用规范，信息安全存在潜在风险

区域教育治理中涉及主体种类较多，分布广泛。同时，各层级政府机关的教育治理能力差别也较大。面对大数据技术的兴起，如果缺乏有效的制度和机制建设，势必在各主体、各部门之间产生数字鸿沟，阻碍大数据技术在教育治理领域朝向更为广泛和纵深的方向拓展。目前，政府对于区域教育治理中的信息资源在应用的内容、范围、程序方面缺乏制度和机制建设，在相关主体的权利与义务等关键问题上要求过于宽泛、宏观、抽象，缺乏清晰说明。随着生物识别技术等大数据技术的发展，教育数据来源不仅日益多元，也更触及学生和教师个人隐私，近段时间教育信息滥用、学生信息泄露等现象接连发生，引起了广泛的社会关注。在区域教育治理过程中势必也会涉及信息安全问题，目前，教育领域信息安全法律法规和制度尚不健全，信息安全保护技术不完善，教师和学生个人隐私保护意识不充分。如何在保护信息安全的前提下发挥大数据的优势服务于公共利益，进而提升区域教育治理能力、促进教育发展，是需要政府、企业、专家、学校合力突破的难题。

第三节　大数据应用于区域教育治理的着力点

为解决当前教育治理存在的微观及宏观数据难以有效整合、教育数据采集存储处理技术相对落后、区域中不同维度的数据难以贯通、多评价监测而少预测预

警、信息安全存在风险等难题，需从以下五方面着力。

一、以数据驱动的方式建立区域教育治理评价指标体系

指标体系是大数据技术与区域教育治理有效结合的基础，是有效实现教育发展目标的必要条件，是将抽象的治理目标条理化、定量化的关键步骤，是打破教育资源之间的壁垒，整合多维度、多层次数据的前提。为了更加有针对性地提升区域教育治理能力，科学地反映区域教育发展状况，在指标体系建构中应注意回应以下问题：第一，各级维度与指标如何对标于区域教育治理的目标，指标提出和筛选的依据为何；第二，各层级指标的权重如何测算，评价指标体系是否能够满足区域教育发展的动态需要。

在区域教育治理评价指标体系构建上应坚持目标导向与问题导向相结合，在提出与筛选指标的过程中坚持系统性、科学性、动态性、综合性与可测量性原则，在指标的度量上既要考虑教育事业统计数据，又要纳入过程性、伴生性数据，有效配比各部分数据在指标体系中的权重。随着区域教育水平的不断发展，教育治理的评价指标体系也需要动态调整以适应真实情况，同时，在不同的应用场景下评价指标体系也需要进行动态调整或生成。在指标体系建构过程中应利用大数据技术，结合 AHP 层次分析法等方法建立数据驱动的区域教育治理模型，在数据变化时，可以通过定时数据抽样算法辅助进行新的指标权重测算并更新模型，以便较为精准、动态、科学地衡量各指标的重要性，满足增减指标的需求，以适应区域教育治理动态变化的需要。

二、更新区域教育治理的数据采集、存储与处理技术

区域教育治理的有效开展首先需要获取数据，主要包括教育事业统计数据、过程性教育大数据。其中以过程性数据的采集最具挑战性，具体包括物联网技术如何有效应用于教育资料采集，数据传输协议研究，即研究如何将第三方数据库或物联网设备获取的数据高效便捷地传输到后台服务器等。为了更好地存储区域教育治理中产生的各类复杂数据，需开发高级混搭存储技术，在节省空间的前提下满足结构化、半结构化、非结构化等各类数据存储的需求。针对数据处理问题，要借助大数据技术对所掌握的碎片化、低价值密度的海量数据进行整理、筛选、提纯等操作，才能有效分析区域教育发展中的各类现象和问题。在传统结构化数据处理的基础上，还应利用最新的人工智能与计算机网络技术，研制面向区域教育治理的大数据处理关键技术，主要包括自然语言处理、自动语音识别、图像视频处理理解技术三方面。从教育教学过程所产生的文本、语音、图像视频等非结构化数据中抽取教育实体概念、抽取概念关系，分析和输出与教育评估相关的属性特征。这为大数据的分析与挖掘奠定坚实基础，也是关乎区域教育治理是否精准、教育决策是否科学的前提。

三、在监测与评价基础上，发挥大数据的教育预测与预警功能

在以往的区域教育治理中，多聚焦对教育发展现状的监测与评价，而较少对

教育未来发展情况进行预测和预警。预测预警对于认识教育发展态势，有效应对可能出现的问题，提高教育决策的科学性和针对性具有重要意义。随着大数据技术的不断完善，大数据在交通运输、水利工程等领域已经基本实现预测预警功能，因此应将其引入教育领域，在区域教育治理中发挥更大的作用。具体而言，可采用知识图谱、深度学习等分析技术区分正常和危险类型的数据组合，利用深度学习的方法挖掘历史数据中的教育发展规律，以进行方向以及区域指标达成度的预测；将危险性参数中的初始值和最大值的临界值与预测值进行比较，对可能存在的潜在问题进行预警，并将预测预警结果及时推送给主管单位或主管人员以便及时做出应对措施。通过大数据加持，洞悉教育事件背后所蕴含的深层逻辑，实现区域教育资源的统筹规划，为解决现实的教育治理难题提供全新的技术支撑，提高政府教育应急管理能力和科学决策能力，更加准确、科学、立体地反映教育问题、进展与未来。

四、以多元异构大数据的融合分析促进区域教育资源的贯通

目前教育系统信息资源和实体资源被各部门、主体之间的边界和壁垒所分割，资源组织零散。同时，区域教育治理过程中产生的数据类型繁多，教育事业统计数据以及政府、专业人员组织填写的数据多为结构化数据，教与学过程中产生的伴生性数据则为半结构化或非结构化数据，宏观层面和微观层面数据的集成质量存在准确性差且冗余度高的问题。为了实现多层次、多维度数据的有效集成和共享，大数据的融合分析技术是重要突破口，具体包括模式（本体）对齐、实体链接、冲突解决和关系推演等关键支撑技术。应开发切实有效的数据集成和融合方案，去掉冗余和错误数据，提高数据质量，为准确的数据挖掘和分析奠定基础。在纵向上贯通宏观层次和微观层次的数据，在横向上贯通多系统使得区域教育治理从碎片化走向网格化、系统化。

在此基础上，在区域范围内探索构建集高效快捷的数据采集、安全的数据存储、智能动态的分析挖掘与预测以及可视化的结果输出为一体的新型教育治理大数据无缝流转的开放生态系统，打通区域间教育信息流通渠道，以数据的流动性优势替代线性的、传统的、自下而上的传统决策模式，逐步形成新型的、上下结合的、非线性的决策基础，增强教育决策、调控、执行、创新发展的活力，促进教育治理模式由"静态化""扁平化"治理向"动态化""立体化"治理转变，提升区域教育治理的决策水平。

五、制定区域教育治理大数据规范，建立数据安全运行机制

大数据应用于区域教育治理不仅需要破解技术难题，更需要进行有关制度和机制建设，以消除顾虑，提高服务质量，保障数据资源的优质可持续发展。政府需要对区域教育治理中信息资源的应用做出必要、细致和明确的制度性安排，特别涉及资源共享、数据平台建设标准、数据资源使用的权利和义务等方面的问题急需通过制度化加以解决。

在数据安全运行方面要做到以下三点：第一，规范数据管理，建立和完善区域教育信息安全制度，构建覆盖区域教育治理相关数据采集、存储、传输、分析、使用全生命周期的管理机制。收集使用个人信息应当明示收集使用信息的目的、方式和范围，并经用户同意。不得泄露、非法出售或非法向他人提供教师和学生信息，不得随意将数据用于商业等营利用途。厘清教育数据开放的边界，确定开放的内容范围，使用数据产生的相关成果发布需采用匿名保护技术，将教育领域中涉及隐私的相关数据进行相应变换，达到数据脱敏的效果。第二，保障网络安全，区域教育治理后台系统应当统一落实网络安全等级保护要求，落实网络安全主体责任，采取有效措施，防范应对网络攻击，保障区域教育治理系统平台的平稳、安全运行。更新数据加密技术，采用多种方法保障云平台、系统和本地数据不受侵害。第三，加强信息安全保护，教育行政部门应当加强与有关职能部门、专业机构、行业协会和企业的合作，通过技术检测和人工查看相结合的方式，建立常态化的监测预警通报机制。健全教育大数据评估、监测、检查、防护等技术规范，推进教育治理大数据应用的制度化、规范化、标准化。

第二章 教育指标体系回顾与分析

第一节 指标体系建构方法

教育指标体系是由一系列具有相互联系的教育指标所组成的整体，可以从各个侧面完整地反映国家（地区）教育现象总体或样本的数量特征。它是大数据技术与区域教育治理目标有效结合的基础，是将抽象的治理目标条理化、定量化的关键步骤，是打破教育资源之间的壁垒，整合多维度、多层次数据的前提。然而，当前不同地区针对同一或相似的教育目标设置了不同的观测维度与指标，致使区域间教育发展的水平和差异因统计口径不同而无法进行有效比较，加之专家、学者由于遵循的理论逻辑起点不同，对于区域教育发展的认识视角不同，导致教育指标体系设计的概念模型、指标体系的表现维度划分、指标的设计原则等存在较大差异，亟需通过梳理已有的成熟的指标体系来解析出共有指标，建构一个统计口径较为一致、能适用于不同区域的指标体系，以方便政府及其他各治理主体清晰认识教育发展水平。

本章在前人研究的基础上，提炼出三种指标体系建构方法，分别是理论导向建构法、目标导向建构法、问题导向建构法，为第三章区域教育指标体系的建设打下基础。同时，梳理了近10年来较为权威、系统的相关教育指标体系，分析了各指标体系的建构方法，以此作为区域教育指标体系的备选指标。

一、理论导向建构法

理论导向建构法是指教育指标体系以一定的理论模式为基础的方法体系，这种导向下的教育指标体系重视构建的理论基础。建立在一定的理论模式基础上的指标体系，可以保证指标之间的内在逻辑性、整体结构的严谨性以及指标的科学性。国内外著名的指标构建理论模式有CIPP模式、投入产出模式、目标游离模式、应答模式等。

（一）CIPP模式

CIPP模式，亦称决策导向或改良导向评价模式，它认为评价就是为管理者做决策提供信息服务的过程。1969年，美国教育评价学家斯塔弗尔比姆（Stufflebeam）及研究团队提出教育评价不应该仅仅局囿于目标的实现程度，而应是为教育决策提供价值信息的过程，就此提出了CIPP模式。所谓CIPP模式是背景评价或脉络评价（context evaluation）、输入评价（input evaluation）、过程评价（process evaluation）、成果评价或结果评价（product evaluation）的第一个英文首字母缩写的组合。这四种评价是CIPP模式的构成成分，也是其操作步骤，如图2-1所示。

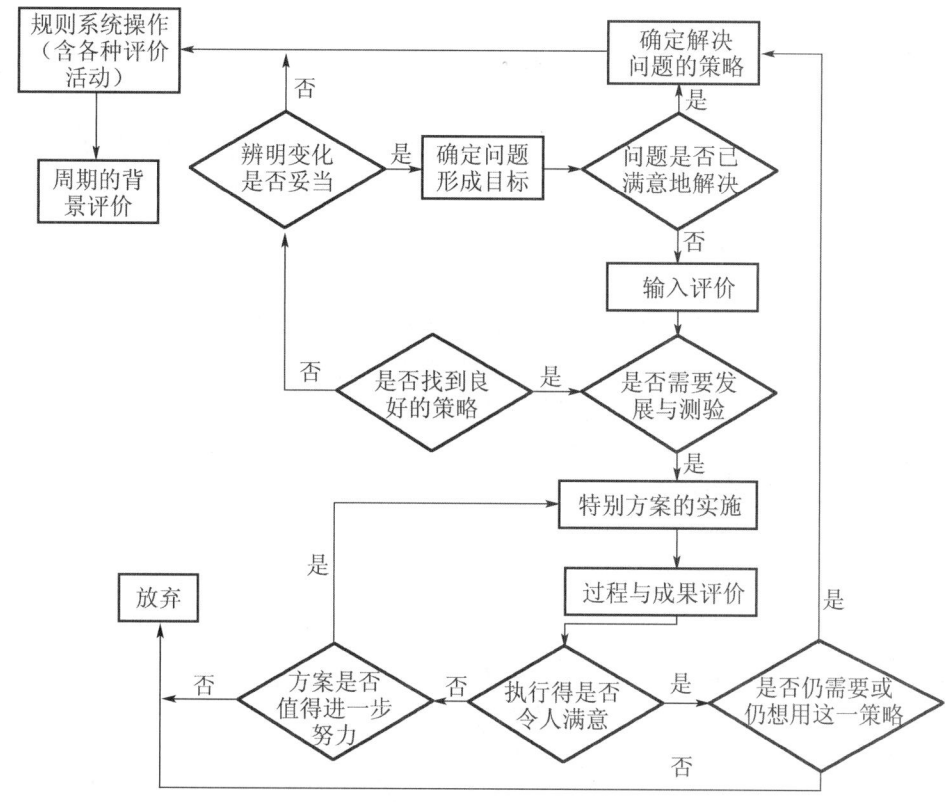

图 2-1 CIPP 模式流程图

（资料来源：翟葆奎. 教育学文集：教育评价［M］. 人民教育出版社，1989：309.）

背景评价就是在特定的环境下评定教育的需要、存在问题、已有资源和机会。"需要"主要包括那些为实现目的所必需的、有用的事物；"问题"是指在满足需要时必须克服的障碍；"资源"是指在该区域内可得到的专家及其提供的服务；"机会"主要指满足需要和解决相关问题的时机。[6]背景评价的主要目的在于：第一，描述所需评价对象的背景情况；第二，界定评价中谁是获益方并评定获益方的需要；第三，弄清满足需要所存在的问题和障碍；第四，界定所在区域已有的教育资源；第五，评定教育评估方案和教育目标的清晰度和适切性。

输入评价是在背景评价的基础上，对达到教育目标所需的条件、已有的教育资源以及各被选教育评估方案的相对优点所做的评价，其实质是对教育评估方案的可行性和效用性进行判断。输入评价所要回答的问题是：第一，采用了何种教育政策和多少教育经费来满足该区域的教育需要，并评估实现区域教育目标的可能性；第二，有哪些教育评估方案可在考虑范围内；第三，为什么选择此教育评估方案而不选择其他教育评估方案；第四，评估所选教育方案的合理性、合法性、道德性程度；第五，评估其潜在的成功程度；第六，教育预算财政投入在多大程度上满足评定的需要；第七，各类人力资源利用以及对外界资源的需要等。输入评价的全部用意在于帮助政策制定者在需求与环境允许的前提下，考虑各种可能的教育评估方案策略，发展一些适用的教育评估方案，形成一个最佳教育评估方案。

过程评价是对教育评估方案的实施过程进行监督、检查和反馈。其目的为：一是为教育评估方案制定者、管理人员、执行人员提供反馈信息，以便了解教育评估方案实施的进度，是否依原计划实施，以及是否有效地利用可用的资源；二是由于一个教育评估方案不可能在事先设计时面面俱到、十分周全，因此，过程评价用于发现教育评估方案实施过程中的潜在问题，为修正教育评估方案提供指导；三是为定期评估教育方案的参与人员的工作情况提供有效信息；四是为真正付诸实施的教育评估方案提供详尽的记录，包括实施的教育评估方案与原定方案的比较、在实施中所花费的财政支出，以及观察者与参与者对教育评估方案品质的整体评判等。过程评价要回答的问题是：第一，教育评估方案实施的程序；第二，教育评估方案本身及实施过程是否需要调整或修改，应该如何修改；第三，过程评价还要求对实施过程进行全面记录，以获得文字资料信息。总之，过程评价在于调整和改进实施过程，本质上属于形成性评价。

结果评价是对目标达到程度所做的评价，包括测量、判断、解释教育评估方案的成就，确证人们的需要满足的程度等。结果评价所要回答的问题是：第一，观察到了何种结果；第二，政府是怎样看待这些结果的价值和优点的；第三，获得的结果满足了教育评估方案预期对象的需要程度。结果评价本质上属于终结性评价。

综上所述，四种评价类型的目的、方法与成效的区别如表 2-1 所示。

表 2-1　CIPP 模式四种评价类型比较[7]

	背景评价	输入评价	过程评价	结果评价
目的	描述所需评价对象的背景情况；确认满足需求的可能方式；诊断需求所显示的困难；判断目标是否能充分满足已知的需求	确认和评估教育系统的各种能力；确认和评估实施策略的程序步骤、财政预算及进度	确认或预测设定步骤或实际实施中的缺点；为计划好的决策提供信息；记录和判断依次发生的各种事件及活动	搜集对结果的描述及判断；将其与目标以及背景、输入及过程的信息相联系；解释其价值及意义
方法	使用系统分析、调查、文献评论、听证会、晤谈、诊断测验以及德尔斐技术	调查和分析可用的人力和物力资源，解决问题的策略及程序步骤相应的可行性；利用文献探讨、访问典型教育评估方案、建议小组，以及小型试验等方法	控制活动中的潜在障碍，并对非预期的障碍保持警觉；获得教育评估方案中决策特殊的信息；描述真实的过程；与教育评估方案工作人员不断交流并观察他们的活动	制定可操作性的、可测量的评价结果标准；搜集与教育评估方案有关的各种人员对结果的判断并从质与量上加以分析

续上表

	背景评价	输入评价	过程评价	结果评价
在变革过程中与作决策的关系	为计划所需的变革，决定教育评估方案实施的背景、与满足需要有关的目的或使用时机，以及与解决问题有关的目标提供判断结果的基础	为教育决策选择解决问题的策略以及程序步骤设计，提供判断教育评估方案实施状况的基础	为有效的过程控制，实施和完善教育评估方案设计及程序；并为以后解释结果提供大量真正过程的记录	为决定继续、终止、修正教育评估方案提供清晰的有关效果（预期的与非预期的、积极的与消极的）记录

CIPP 评价模式具有以下四个特点：①以决策为导向。斯塔弗尔比姆认为教育评价不应限于确定目标的达到程度，而应是为教育决策提供有用信息的过程。教育评价不是以教学目标为导向，而是以教育决策为导向，为决策者改进教学服务，这是 CIPP 的鲜明特点；②重视评价的改进功能。在斯塔弗尔比姆看来，评价不仅仅是用来诊断问题，更主要的是用来改进教育；③诊断性评价、形成性评价和终结性评价完整有机结合。CIPP 模式重视形成性评价，但它并未忽视诊断性评价和终结性评价，它试图把三种评价综合体现在整个评价过程之中。④实施灵活。在运用模式时，评价者可根据需要采用不同的评价策略，各种评价既可以在教育评估方案实施前使用，也可以在教育评估方案实施中使用；可以实施一种评价，也可以实施几种评价。虽然 CIPP 评价模式存在着一些局限，如评价缺乏价值判断、需要专业人士参与，等等，但它整合了诊断性评价、形成性评价和终结性评价，突出了评价的发展性功能。

目前，我国教育正处于全面改革时期，这一时期对教育评价的需要与 CIPP 评价模式产生的时期有着某些共性，都要求教育评价能对教育活动的改进和教育成效的提高做出贡献，以便充分地发挥教育的功能。在这一背景下，适当地借鉴 CIPP 评价模式无疑有着积极的意义。

（二）投入产出模式

"投入—过程—产出"模式是由联合国教科文组织（UNESCO）专家约翰斯通（Johnstone）提出并推广的。1981 年，约翰斯通结合数十年经验，撰写了专著《教育系统指标体系》，在书中他提及"过去的经济、社会、政治发展会影响教育输入、过程与输出，而教育输入、过程与输出又会影响到未来的经济、社会、政治的发展"。[8]该模式既重视投入，更重视过程与产出效应；既重视现在社会系统的存在，又强调指标构建的未来目标导向。因此，该模式的基本逻辑是：基于以往的经济系统、社会系统以及政策系统共同形成的社会框架，以教育资源和教育偏好作为教育输入的主要内容，以教育的系统结构和投入配置情况作为过程性指标；在输出方面重点关注教育资源的变化情况及技能的提升，同时兼顾教育满意度。通过这样的"投入—过程—产出"系统，描述一个通过教育来改变未来社会框架的经济、社会和政策系统。

在建构国家层面的教育质量指标体系中,约翰斯通的框架是较为常用的分析架构。该模式是指标体系构建的经典,具有开创性和引领性的地位与作用,为此后的教育指标体系奠定了思想理论和基本框架基础。

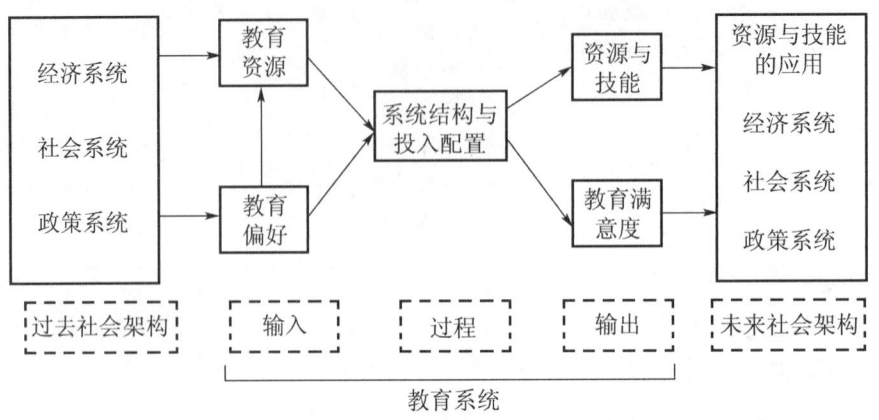

图 2-2 约翰斯通的投入产出模型

（三）目标游离模式

1967 年,斯克里文（Scriven）提出了一种具有较为客观性的目标游离模式。他在《评价方法论》一书中提到了教育评价的两大功能:一是过程评价功能,即对正在实现过程中的教育评估方案、计划进行价值判断;二是总结功能,即在任务结束或活动完成时进行总结评价。他主张为了降低评价活动中教育评估方案、计划制定者主观意图的影响,不能把他们的活动目的告诉评价者,也即做出评价结论的依据不是制定者的预定目标,而是活动参与者所取得的实际成效。这种不受预定活动目标影响的评价模式被称之为"目标游离模式"或"无目标模式"。它与 CIPP 模式的最大区别是:做出评价结论的依据不是教育评估方案制定者预定的目标。评价活动从反映管理者、决策者的意图转变为反映实际参与者的意愿。因此,它具有更大的客观性,进而也反映了评价者的自主性和将教育过程视为受教育者自我创造、自我实现、自由发展的民主观念,从根本上体现了以个人的需要为价值取向的评价标准。目标游离模式关注预期与非预期的教育效果,成功突破了泰勒模式下的目标绝对限制,转向以评价者的需要为导向,开辟教育评价研究的新路径。另外,它还较好地促进了形成性评价与成果性评价的结合,且重视教育评价元评价的价值和意义。

（四）应答模式

应答模式由斯塔克（Stake）提出,他认为:"如果教育评价更直接地指向教育评估方案的活动而非教育评估方案的内容,如果它能满足评价听取人对信息的需求,或者在反映教育评估方案得失长短的评价报告中,更能反映人们不同的价值观念,那么,这种评价即可称为应答性评价。"[9] 显然,这一定义旨在突出人的需要在评价过程中的作用。在具体的评价过程中,应答性评价并不是像其他评价模式那样先确定目标或先建立假设,而是先确定评价计划。确定问题和制订评价计划的过程也是一个广泛征询意见、了解评价需要的过程。这种模式,在动机上强调了价值观念的发散性,在方法上强调了客观描述性的定性分析方法,注重自然主义方法。在收集资料的过程中,应答评价的主要手段是观察和反应。"观察"主要是指评价者个人深入到所评价的活动中去,进行细致的考察,详细记录活动中出现的任何问题,从中找到与评价听取需要有关的内容;"反应"是指设法利用一切交流媒介,收集持有不同观点的人对评价对象的意见,收集被评价者的看法,请权威人士对评价问题的重要性发表见解。因此,在应答评价模式中,评价者不是以自己的主观意志或某些权威人士的意图来确定问题、制定计划,而是以所有参与评价的人的意图为基础,再由评价者综合这些信息而进行的。这些信息代表了评价中各类不同的需要,所以从评价开始到评价结束,都反映了重视个体需要的多元价值取向。作为20世纪70年代较具特色的西方教育评价模式,应答模式的理论体系在建构过程中,能关注到教育实践者提出的问题,而非纯粹纠缠于外部教育权威所提出的问题;同时也认为解决实际教育问题还是需要依靠那些直接接触问题的人,教育评价才能发挥出改进教育教学的功效,这有利于被评价对象更明确自身所具有的发展优势与劣势,更清楚地意识到所处的危机状态和所面临的挑战,也更明确改进发展的出路所在。

二、目标导向建构法

目标导向建构法是指以教育目标作为评价活动的核心与依据的方法体系,是目前我国教育指标体系建构的主要路径与方法。教育目标是教育评价的出发点和根本依据,教育评价就是把目标细化成评价指标,并根据细化后的评价指标,对评价对象进行评价的过程。20世纪30～50年代,泰勒提出了教育评估的行为目标模式(简称泰勒模式),即以教育目标为中心,把教育评估方案中计划的目标用学生的特殊行为来表示,并把行为作为评估的依据来判断教育活动达到教育目标的尺度和偏离目标的程度,通过反馈和调整以达到目标,该模式对教育评估发展影响深远。泰勒认为:"在本质上,评价过程乃是一种测量教育评估方案在多大程度上达到了教育目标的过程。"[10]即教育改革发展是否有成效,最终关键看它是否达到预定的目标。如果经过努力达到了目标,那么其教育教学是成功的,教育活动质量是值得肯定的;否则,就是不尽如人意的,需要找出与目标的距离,分析原因并提出整改措施。衡量教育发展成效的标准应该是否达成了预设的发展目标,而非过程的实施状况。简言之,教育发展目标是衡量教育质量的依据,是教育指标体系构建的依据,这就是教育指标体系构建的目标导向。

教育指标体系建设利用目标的实现程度来评价教育质量,引领教育发展方向,有利于提高教育资源使用效率,有助于地方教育部门和学校对照目标的实现程度来改进教育活动的薄弱环节,为制定教育政策提供依据。目标导向的教育指标体系通常采用"由上而下"的方式设计指标,指标体系建构通常要充分考虑教育中长期发展目标,同时需要随着社会变化而适度调整指标体系建构内容。目标导向的指标体系建设包括以下步骤：第一，以教育发展方向和需要为依据，我国多参照政策文本来确定目标；第二，把目标操作化，即把目标落实在具体行为上；第三，开发一系列指标，确定指标权重，编制指标体系；第四，依据行为变化情况分析判断预期目标的实现程度。由此可知，目标导向是以目标为中心的目标达成程度评价，是对活动结果的评价。

三、问题导向建构法

问题是教育发展过程中存在的缺陷与瓶颈，解决教育问题是教育发展的实际需要，也是教育改革的重难点之处。问题导向以实际的教育问题为考量，以解决问题为目的，其构建的教育指标可作为教育改革的依据。1991年，美国联邦教育部成立的教育指标专门研究小组（SSPEI）指出，CIPP模式只能呈现教育系统中较为静态的特征，无法直接呈现被评价主体所处的社会实际情况。SSPEI建议美国教育统计中心跳出CIPP的教育指标模式，以便探求新的模式。SSPEI将焦点集中在教育的实际问题层面，建构了教育指标的六大分析领域：学习结果；教育机构品质；学生就学准备度；社会对学习的支持；教育与经济生产力；公平性。[11]这一类型指标体系背后的理论主张是隐晦的，不拘泥于特定理论，而是以重要教育议题和重大的教育问题作为教育指标建构的核心，从实践情境中发现问题。

问题导向的指标体系在一定程度上体现"由下而上"的特征，各指标之间的因果关系不强，且具有一定的主观性特征，其局限在于不能系统地描述教育发展的全貌。但是，以问题为导向仍具有现实意义和实际效能，一方面可以反映出当前重要的教育议题；另一方面亦可将教育指标与教育改革紧密连接，以提高教育改革的针对性与实际效用。构建以问题为导向的指标体系的生成逻辑是，直面教育改革中一系列的突出矛盾，找到区域教育发展过程中的问题所在，进而分析问题，有针对性地选择教育指标来反映当前的教育问题，制定改进措施，构建改进流程，形成改革工作的诊断、改进机制，为下一步的教育发展提供建议。

第二节 主要教育指标体系梳理

为了促进区域内与区域之间的比较，本节对近10年来较为权威、系统并公开发布的相关教育指标体系进行了梳理，未公开发布的指标体系未纳入其中。本节以指标体系的建构方法为依据进行指标体系分类，但往往一个指标体系的建构采取不止一种建构方法，因此，本节主要依据其最为凸显的建构方法进行归类，共分为三大部分21项指标体系。第一部分为理论导向下的4项指标体系，分别是以CIPP模式为理论基础建构的OECD（全称为"经济合作与发展组织"，Organization for Economic Cooperation and Development，OECD）教育指标体系、学习型社会指标体系，以及以投入产出模式为基础建构的联合国全民教育质量监测体系和"Universitas 21全球高等教育体系排名"指标体系；第二部分为目标导向下的11项指标体系，分别是城市教育现代化监测指标体系、中国教育现代化评价指标体系、中国教育指标体系、中国教育发展指标体系、中国教育监测与评价统计指标体系、教育强国指标体系、人力资源强国指标体系、欧盟教育质量监测指标体系、江苏教育现代化指标体系、上海市教育现代化指标体系、广东省县域教育现代化指标体系；第三部分为问题导向下的5项指标体系，分别是广东省普及高中阶段教育督导验收指标体系、中等职业教育督导评估指标体系、县域义务教育优质均衡发展指标体系、中小学教育质量综合评价指标框架、广东省义务教育现代化学校建设督导评估指标体系。

一、理论导向下的教育指标体系

（一）CIPP模式的教育指标体系

1. OECD教育指标体系

OECD，其前身是创立于1948年的欧洲经济合作组织，于1960年更改为现名。OECD下设的教育研究与改革中心（Centre for Educational Research and Innovation，简称CERI）主要负责研究并提供OECD会员国间关于教育事务的对话，并积极收集整理整个世界教育系统的信息和讨论议题。由于OECD国家对教育议题越来越重视，同时，全球化背景下的国际竞争日趋激烈，使各国不仅关注本国教育制度的成效，强调教育变革在社会与经济活动的影响力，而且开始重视国际间的比较，以作为本国决策者在制定决策、改良课程并改进教育制度等时的依据，借此提高各国教育的效率与成果，为此，研究可用于国际比较并长期监测教育发展的指标尤为必要。经过1987年在美国华盛顿和1988年在法国普瓦提埃召开的两次国际会议，OECD各会员国一致认为：为了满足教育的大众化需求和政治绩效责任的需要，实现教育质量与经济竞争加以联结的决策价值，促进教育公平理想的实现，应建立一套更好、更全面的评价机制，正视教育的质量问题，并使各国决策者能由不同角度来重新思考与分析教育问题，以适应新的教育情景。为完成上述需求，OECD各会员国决定发展一套国际教育指标体系，以数据的形式来呈现各国教育制度的特征，其研究成果集中体现在《教育概览：OECD指标》（*Education at a Glance：OECD Indicators*）一书中。该书是OECD教育研究与改革中心于1992年推出的重要出版物，其教育指标体系已日趋完善。比较历年来出版的 *Education at a Glance：OECD Indicators*，其框架也基本稳定下来，但从政策的需要出发，除了数据的更新外，每期的重点和所选用的具体指标也有一定的变化。

制定OECD教育指标体系遵循以下原则：第一，建立指标体系所依循的模式必须明确且被共同认可；第二，选取指标的标准必须清晰且合乎基本模式；第三，指标体系需要具备效度、信度和实用条件；第四，指标比较必须考虑公平性，能适用于具有不同文化背景的国家或地区，并可采用多种方式进行；第五，不同国家或地区的教育决策者可使用指标体系。该指标体系强调要针对人们普遍关心的问题和对现行政策有争议的问题，为制定政策服务，从社会、经济大系统出发描绘和评价教育，十分关注教育与社会、经济的关系及教育的效率、效果，重视对教育过程的监测和比较分析，为教育政策制定机关制定政策，为教育管理机构、学校以及教师改进教育教学过程提供了大量丰富、具体的信息。因此具有很强的针对性、政策性和前瞻性。同时,每一指标都有大量翔实的数据、图表和对这些数据的深入分析和深层认识,观点鲜明、图文并茂、可读性强,收录的数据也具有较高的准确性和国际可比性,是国际领域典型的参考性较强的教育指标体系。

OECD教育指标体系(表2-2)以人力资本理论作为理论基础,将市场经济中的供需模型运用于教育中,又以教育评估中CIPP模式中的背景—输入—过程—输出为框架,建立起了一个包括教育背景、成本、资源与学校过程、教育结果的系统,并用一系列指标动态地显示出来,进行从微观到宏观、从简单到复杂的投入产出式分析,其中一级指标包括教育机构的产出与学习的作用,教育机会、参与和进步,教育经费投入,学习环境与学校组织。

教育机构的产出与学习的作用:该指标考查成年人口的教育水平,并将其与高等教育的毕业率进行比较。该指标是测量教育系统成果的一个标准,也反映了教育对社会经济发展的贡献,属于输出指标。

教育机会、参与和进步:该指标体现的是教育的平等性和机会均等性。各国都在努力扩大教育机会、增加年轻人对教育的参与度并鼓励不断进行终身教育以求得发展。该指标对OECD国家中的教育入学机会、受教育者对教育的参与和发展的概况进行了描述,属于过程指标。

教育经费投入:教育需要资源的投入,包括人力资源和财政资源的投入。该指标对不同国家教育投资模式进行了比较,并更多地强调教育经费的支出趋势,分析不同需求和供给因素如何相互影响,以及教育投资同其他领域投资的差异,属于输入指标。

学校环境与学校组织:该指标反映教育政策对教育实施过程及内部组织的影响力,体现教育的内部效益,考查学校的质量和效益。解决诸如"学校是否得以有效地组织和管理""是否为学生提供了安全而有利的环境,使得学生能将其精力用于学习"等问题,这类表述属于背景指标。

表2-2 OECD教育指标体系

一级指标	二级指标
教育机构的产出与学习的作用	成年人口的教育水平
	高等教育毕业率、完成率
	各教育成就水平对劳动力市场的参与
	收入与学历
	教育财政经费支出动机
	教育回报:人力资本和经济发展的联系
	成年人参与教育的平等程度

续上表

一级指标	二级指标
教育机会、参与和进步	受教育的对象分布状况
	各国学前教育系统的区别
	预期高中教育毕业率
	预期高等教育入学率
	高等教育中的外国留学生
	高等教育的入学和毕业公平程度
教育经费投入	生均教育支出
	教育支出占国民生产总值（GDP）的比值
	私人教育支出和公共教育支出的比例
	总公共教育支出
	公共教育投入与私人教育投入的比值
	教育支出结构
	影响教师工资成本的因素
学习环境和学校组织	中学生受教育总时间
	班级规模和生师比
	教师工资
	教师的教学时间与工作时间
	教师的年龄和性别分布
	教育系统中的决策

资料来源：OECD/GERI, Education at A Glance：OECD Indicators 2018 ［R］. Paris：OECD, 2018.

2. 学习型社会指标体系

学习型社会是建立在全民学习、人人学习基础上的一种社会形态。建设学习型社会既是社会发展的需要，也是国家目标和人民的意愿。《国家中长期教育改革和发展规划纲要（2010—2020年）》确立了三大战略目标："到2020年，基本实现教育现代化，基本形成学习型社会，进入人力资源强国行列。"党的十八大报告进一步要求"完善终身教育体系，建设学习型社会"。因此，为推进学习型社会建设，实现人人学习、时时学习和处处学习，促进人的全面发展和共同发展，教育部教育发展研究中心按照系统性原则、通用性原则、可采集原则、可持续性原则，在CIPP模式的基础上确立了由背景指标、投入指标、过程指标、结果指标等4个一级指标、22个二级指标组成的学习型社会指标体系（表2-3）。该指标体系具有决策咨询、价值引领、监测诊断、比较分析等功能。通过指标体系对学习型社会建设水平进行科学监测，获取定量化的数据，对学习型社会建设的趋势特征进行描述，诊断问题，修正政策，完善教育评估方案，提升学习型社会的整体建设水平。以下是对一级指标的具体阐释。

（1）背景指标：结合中国基本国情和教育实际，将"区域全面小康社会实现程度""高中阶段教育毛入学率""人均GDP"作为学习型社会建设的基础和背景条件，用于考查国家或地区社会经济发展程度，作为建设学习型社会的需求程度和支撑力度。

（2）投入指标：学习型社会是一种未来社会形态，需要不断加以投入、培育和建设才能实现。根据投入产出模式，在学习型社会建设初期，特别需要强调加强顶层设计、战略规划、政策投入、资金投入和人才投入。学习型社会指标体系将投入分为三个层次，一是学习型社会，制度建设和战略规划；二是人均经费情况和经费比例，重点考查一个国家或一个地区对于全民终身学习在经费方面的支持力度；三是现有教育与人力资源开发的利用效率。

（3）过程目标：学习型社会是一个目标，更是一个过程。中国学习型社会建设尚处在初级阶段，建立过程性指标，注重过程监测，便于跟踪社会形态变化过程，及时发现问题，总结经验，创新政策，加快国家和地区学习型社会基础建设、制度建设与能力建设。

（4）结果指标：即投入产出的结果，是反映战略规划目标程度的测量标准。本指标通过各指标权重，建立学习型社会指数，反映学习型社会建设整体水平和区域差距。

表2-3　学习型社会指标体系

一级指标	二级指标
背景指标	区域全面小康社会实现程度（%）
	高中阶段教育毛入学率（%）
	人均GDP（元）
投入指标	终身学习制度与继续教育规划
	生均预算内教育事业费（除以人均GDP）指数
	人均全口径教育经费（元）
	财政性教育经费占全口径教育经费比重（%）
	财政支出中用于继续教育的比重（%）
	企业职工培训经费占工资总额比例（%）
	每万人公共文化设施数（图书馆、博物馆、文化馆、科技馆、体育场馆等）
	居民每百人计算机台数
	网络普及程度（含计算机、手机上网）
	学校设施向公众开放的程度

续上表

一级指标	二级指标
过程目标	学习型组织覆盖率（企业、社区、城市、乡村）
	公民阅读率（%）
	在职人员继续教育参与率（%）
	城镇下岗失业、转岗人员培训率（%）
	农村转移劳动力培训率（%）
	社区教育参与率（%）
结果指标	15岁及以上人口班平均受教育年限（年）
	科学文化素质指数
	满意程度（抽样调查）
备选指标	教育基尼系数（与二组核定）

资料来源：高书国. 教育指标体系——大数据时代的战略工具［M］. 北京：北京师范大学出版社，2015.

（二）投入产出模式的教育指标体系

1. 联合国全民教育质量监测指标体系

随着全球化的发展以及世界联系的加强，教育全民化、终身化的需求与日俱增。然而，各种教育不合理现象以及世界各国的客观状况、实际需求各不相同均制约着世界各地教育经验的相互借鉴和发展。如何更好地推动世界各国教育普及化、终身化发展，提高国际整体教育水平成为全球重大话题。

在世界全民教育大会通过的《世界全民教育宣言》指出：全民教育有两个目标，一是提供平等的教育机会，二是保证教育质量。为了实现全民教育目标和与教育有关的千年发展目标，联合国确立全民教育质量监测指标体系，牵头开展全民教育推动全民识字和终身教育，尤其重视社会弱势群体和边缘群体。

监测指标体系（表2-4）以学习者为核心，以教育投入—教育过程—教育产出的方法来定义和评估教育质量。监测指标体系从学习者的个体层面、教育管理与行政结构的制度层面进行评估，前者直接关涉到质量的核心，后者则是政府提供公共服务的外部体系。[12]指标体系体现出以人为本的教育思想，贯穿终身教育和可持续发展的教育思想。一级指标包括学习机会、学习准备、过程、内容、环境、行政管理体系、政策实施、法律体系、资源、学习结果的测量。其中，学习机会、学习准备、内容、资源作为投入性指标，学习结果的测量作为产出性指标来监测各国教育发展。

（1）学习机会：主要考查学习者法定的基本教育权利和机会均等情况，可以通过教育机会、教育权利（全纳）、教育援助等关键性指标进行监测，旨在保证学习者基本的教育权利。

（2）学习准备：主要考查不同学习者参与学习前的基本准备（知识和经验），可以通过多元化背景、多元化技能等关键性指标进行监测，旨在了解学习者的基本状况并为后续的学习引导或帮助提供基本信息参考。

（3）过程：主要考查学习者、教师、学习管理者、家庭和社区的学习互动状况，可以通过合适的教学、平等性、相互尊重等关键性指标进行监测，旨在通过获取和反思教育或学习过程中给予学习者的资源情况，促进学习者更好地实现知识、技能和价值的获取。

（4）内容：主要考查教材质量、教材效益和教材审核情况，可以通过知识、技能、态度、行为等关键性指标进行监测，旨在通过了解学习者的掌握内容来反映学习过程的价值，进而不断改善学习者的学习内容和学习产出。

（5）环境：主要考查学习者所处的环境情况，可以对学习环境、社会心理环境等关键性指标进行监测，旨在了解学习者的周边环境、协助评估学习者的学习状况，改善学习者所处环境。

（6）行政管理体系：主要考查行政管理体系和教育的关系及其运行机制，对以学习者为中心体制、管理监督制度等关键性指标进行监测，旨在监督和反馈行政管理体系的运行状况，助推教育管理体系的良性运行。

（7）政策实施：主要考查教育相关政策的落实情况，可以通过促进健康与安全的学校政策、健全的学校政策体系、促进均衡的学校政策等关键性指标进行监测，旨在明确教育相关政策的有效性与合理性，从执行层面促进全民教育和终身教育实现。

（8）法律体系：主要考查教育相关法律体系的运行情况，可以通过国家负责保障教育质量、劳动法与教育法一致、弱势群体受教育机会补偿措施等关键性指标进行监测，旨在监测法律体系对教育公平、教育普及的有效性，从司法层面促进全民教育和终身教育实现。

（9）资源：主要考查教育相关资源与学习者的有效匹配情况，可以通过人力资源、时间资源、经济资源等关键性指标进行监测，旨在了解、反馈、调整教育相关有效资源和学习者的分配情况，促进教育相关资源有效分配。

（10）学习结果测量：主要考查学习者阶段性的学习成果，可以通过知识、价值观、技能、行为等关键性指标进行监测，从结果层面反馈学习者的阶段性收获，为下阶段的学习提供反馈。

表2-4　联合国全民教育质量监测指标体系

一级指标	二级指标
学习机会	教育机会
	教育权利（全纳）
	教育援助

续上表

一级指标	二级指标
学习准备	多元化背景
	多样化技能
过程	合适的教学
	平等性
	相互尊重
内容	知识
	技能
	态度
	行为
环境	学习环境
	社会心理环境
行政管理体系	学习者为中心体制
	管理监督制度
政策实施	促进健康与安全的学校政策
	健全的学校政策体系
	促进均衡的学校政策
法律体系	国家负责保障教育质量
	劳动法与教育法一致
	弱势群体受教育机会补偿措施
资源	人力资源
	时间资源
	经济资源
学习结果测量	知识
	价值观
	技能
	行为

资料来源：董建红. 联合国教科文组织教育质量框架探析［J］. 教育发展研究，2007（11A）：25－28.

2. "Universitas 21 全球高等教育体系排名"指标体系

随着经济全球化趋势加强,国际间竞争渗透至高等教育领域,世界各国纷纷争先建设世界级一流大学。2012 年,国际高校联盟(Universitas 21)提出一种全新的、以国家高等教育体系为对象的世界排名。通过提供基准评价,鼓励各国将本国高等教育体系与其他国家的高等教育体系相比较,从而找出差距,有针对性地改善本国的高等教育体系。排名项目强调为高等院校提供优质资源和良好的发展环境,为学生提供良好的学习经历和体验,并帮助高等院校增加海外人才的竞争性。该指标体系(表 2–5)以"投入—过程—产出"模式为基础,由资源、环境、国际连通性、产出四个一级指标构成。

(1)资源:充足的教学和科研资源,是实现优质高等教育的一个必要条件,属于投入指标。

(2)环境:资源投入是否能转化为产出取决于政策是否优质和监管环境的运作效率。因此,一个良好的政策和监管环境,对于保证资源的有效运用极为重要,属于过程指标。

(3)国际连通性:在全球化时代,科研和教学方面与国际衔接,有助于提升国家高等教育的竞争力,有助于通过学生和科研人员的跨界流动,引进新的思想,培育新理念。

(4)产出:衡量一个国家高等教育体系成功与否,很大程度上取决于产出水平,比如科研水平、就业率等。

表 2–5 "Universitas 21 全球高等教育体系排名"指标体系

一级指标	二级指标
资源(25)	用于第三级教育院校的政府支出占 GDP 的百分比(6.25)
	用于第三级教育院校的总支出占 GDP 的百分比(6.25)
	用于第三级教育院校的研发支出占 GDP 百分比(3.13)
	人均用于第三级教育院校的研发支出(3.13)
环境(20)	第三级教育中女性学生的比例(2)
	第三级教育中女性教职员工的比例(2)
	该国的定量数据的质量(2)
	对政策环境和监管环境的定性测量(包括高等院校的多样性、高等教育体系满足经济发展需要的程度和基于在 Universitas 21 会员高校中的调查得出的指数三部分)(14)

续上表

一级指标	二级指标
国际连通性（15）	国际学生占第三级教育院校在校生的百分比（3.75）
	与国际合作者合著论文占论文总数的百分比（3.75）
	第三级教育院校网页所含开放式文档数/学校数（3.75）
	第三方可进入的第三级教育院校，网页的链接数目/学校数目（3.75）
产出（40）	高等院校的论文总量（13.3）
	人均高等院校的论文总量（3.33）
	SCI mago 数据的影响因子指数（3.33）
	一个国家好大学的密度（采用2012年上海交通大学数据）（3.33）
	一个国家最好大学的研究能力（采用2012年上海交通大学数据）（3.33）
	第三级教育在校人数占符合条件人口的比例（符合条件人口定义为中学教育后五年年龄组的人口）（3.33）
	24 岁及以上年龄组中具有第三级教育文凭的比例（3.33）
	总人口中人均研究人员数（3.33）
	24～65岁年龄组接受过第三级教育人群的失业率同一年龄组中仅接受过中学教育人群的失业率之比（3.33）

注：括号内数字代表各指标权重。
资料来源：
转引自高书国《教育指标体系——大数据时代的战略工具》。
原引自：［1］Ross Williams, Gaetan de Rassenfosse, Paul Jensen, & Simon Marginson. U21 Ranking of National Higher Education Systems 2013：A Project sponsored by Universitas 21. May 2013 ［EB/OL］.
http：//www.universitas21.com/article/projects/details/152/u21-ranking-of-natioal-higher-education-systems.
［2］Andrejs Rauhvargers. Global University Rankings and Their Impact：Report II. European University Association. March 2013 ［EB/OL］.
http：//www.edu.be/Libraries/Publications_homepage_list/EUA_Global_University_Ranking_and_Their_Impact_Report_II.sflb.ashx.

二、目标导向下的教育指标体系

1. 城市教育现代化监测指标体系

实现现代化是中国的百年之梦，而教育现代化是国家现代化的先行奠基工程。党的十八大明确提出基本实现教育现代化，表明教育现代化已成为党和国家的奋斗目标。为揭示城市教育现代化的基本特征、发展水平和发展趋势，并对加快城市教育现代化发展提出政策建议，国家教育发展研究中心在分析教育现代化基本特征的基础上，按照代表性原则、引领性原则、可获得性原则、可比性原则、定性与定量相结合原则，以目标导向为主，借鉴了 CIPP 模式，确立了由教育普及水平指数、教育公平指数、教育质量指数、教育服务贡献指数、教育条件保障指数和教育治理现代化指数等 6 个一级指标、27 个二级指标、76 个三级指标组成的城市教育现代化监测评价指标体系（表 2-6）。以下是对一级指标的具体解读。

（1）教育普及水平指数：普及教育是教育现代化的基础，该指数反映教育普及程度和教育机会供给情况，由小学一年级新生中接受过一年以上学前教育比例指数、九年义务教育巩固率指数、初中毕业生升学率指数、继续教育参与率指数等四个二级指标构成。该指标反映了全纳教育的重要要求。

（2）教育公平指数：促进公平是我国的基本教育政策，也是国际范围内普遍认可的教育政策价值取向。该指数体现了教育的公平状况，反映对特殊群体入学机会保障情况和教育资源配置的合理性，是体现教育现代化发展的重要方面。

（3）教育质量指数：推动教育高质量发展是教育现代化的核心内容，体现了从"有学上"到"上好学"的教育发展阶段性特征，是办好人民满意教育的重要要求。教育质量指数既考查了学业成就水平，同时也对学生体质健康、道德水平、艺术修养等综合素质进行了衡量，体现了"立德树人""五育并举"的教育理念。

（4）教育服务贡献指数：反映了教育的累积效应和对经济社会的服务贡献水平，该项指数体现了教育发展要与社会需要相适应的思想。

（5）教育条件保障指数：教育的条件保障，是教育现代化的支撑。该指数反映教育现代化的支撑条件和保障程度，体现地方政府对教育的重视程度和投入程度。

（6）教育治理现代化指数：教育治理是教育现代化的重要动力。推进国家治理体系和治理能力现代化是全面深化改革的总目标，推进教育治理体系和治理能力现代化是深化教育领域综合改革的总要求。该指数反映各地区教育治理的现代化水平，既是教育现代化的重要组成部分，又是实现教育现代化的重要引领。

表 2-6　城市教育现代化监测指标体系

一级指标	二级指标	三级指标
教育普及水平指数	小学一年级新生中接受过一年以上学前教育比例指数	小学一年级新生中接受过一年以上学前教育比例指数
	九年义务教育巩固率指数	九年义务教育巩固率指数
	初中毕业生升学率指数	初中毕业生升学率指数
	继续教育参与率指数	继续教育参与率指数

续上表

一级指标	二级指标	三级指标
教育公平指数	义务教育阶段随迁子女公办学校就读比例指数	随迁子女公办学校就读比例指数
	残疾儿童少年受教育水平指数	残疾儿童少年受教育水平指数
	家庭经济困难学生资助指数	家庭经济困难学生资助比例指数
		家庭经济困难学生资助水平指数
	市域内义务教育校际均衡指数	市域内校际生均教学及辅助用房面积均衡指数
		市域内校际生均体育运动场馆面积均衡指数
		市域内校际生均教学仪器设备值均衡
		市域内校际生均图书册数均衡指数
		市域内每百名学生拥有计算机台数均衡指数
		市域内校际生师比均衡指数
		市域内校际生均高于规定学历教师均衡指数
		市域内校际生均中级及以上专业技术职务教师均衡指数
	市域内义务教育县际均衡指数	市域内县际生均教学及辅助用房面积均衡指数
		市域内县际生均体育运动场馆面积均衡指数
		市域内县际生均教学仪器设备值均衡指数
		市域内县际生均图书册数均衡指数
		市域内县际每百名学生拥有计算机台数均衡指数
		市域内县际每百名学生多媒体教室均衡指数

续上表

一级指标	二级指标	三级指标
教育公平指数	市域内义务教育县际均衡指数	市域内县际生师比均衡指数
		市域内县际高于规定学历教师均衡指数
		市域内县际中级及以上专业技术职称教师均衡指数
		市域内县际生均公共财政预算教育事业费支出均衡指数
		市域内县际生均公共财政预算教育公用经费支出均衡指数
	市域内义务教育城乡一体化指数	市域内生均教学及辅助用房面积城乡一体化指数
		市域内生均体育运动场馆面积城乡一体化指数
		市域内生均教学仪器设备值城乡一体化指数
		市域内生均图书册数城乡一体化指数
		市域内每百名学生拥有计算机台数城乡一体化指数
		市域内每百名学生多媒体教室城乡一体化指数
		市域内生师比城乡一体化指数
		市域内班额达标率城乡一体化指数
		市域内高于规定学历教师城乡一体化指数
		市域内生均公共财政预算教育事业费支出城乡一体化指数
		市域内生均公共财政预算教育公用经费支出城乡一体化指数
		市域内学生体质健康优良率城乡一体化指数
		市域内义务教育巩固率城乡一体化指数

续上表

一级指标	二级指标	三级指标
教育质量指数	德育艺术实践课程开设水平指数	德育艺术实践课程开设水平指数
	学生学业成就水平指数	学生学业成就水平指数
	学生体质健康优良率指数	学生体质健康优良率指数
	生师比指数	生师比指数
	班额达标率指数	班额达标率指数
	普通高中选修课比例指数	普通高中选修课比例指数
教育服务贡献指数	劳动力受教育水平指数	劳动力受教育水平指数
	人均受教育年限指数	人均受教育年限指数
	职业教育对口就业率指数	职业教育对口就业率指数
教育条件保障指数	师资投入指数	高于规定学历教师比例指数
		接受培训教师比例指数
		教师境外进修比例指数
		职业教育双师型教师比例指数
	经费投入指数	公共财政预算教育经费支出占公共财政支出比例指数
		生均公共财政预算教育事业费支出指数
		生均公共财政预算教育公用经费支出指数
	装备投入指数	生均教学及辅助用房面积指数
		生均体育运动场馆面积指数
		生均教学仪器设备值指数
		生均图书册数指数
	教育信息化指数	百名学生拥有计算机台数指数
		宽带接入互联网学校比例指数
		百名学生拥有多媒体教室数指数
		百名学生拥有数字资源量指数
		教师教育信息化应用水平指数
教育治理现代化指数	教育政策内容现代化指数	教育政策理念现代化指数
		政府职能转变与管办评分离指数
		现代学校制度建设指数
		教育质量综合评价改革指数
		地方教育政策创新指数

续上表

一级指标	二级指标	三级指标
教育治理现代化指数	教育政策程序现代化指数	地方教育政策制定中的专家参与指数
		地方教育政策制定中的公众参与指数
		地方教育政策法规透明度指数
		依法治教指数
	教育政策实施有效性指数	教育政策实施有效性指数
	教育舆情应对有效性指数	教育舆情应对有效性指数

资料来源：杨银付. 城市教育现代化监测评价的思路、指标与方法：以副省级城市为例［J］. 教育发展研究，2015（1）：57－61.

2. 中国教育现代化评价指标体系

为贯彻落实《国家中长期教育改革和发展规划纲要（2010—2020 年）》《国家教育事业发展第十二个五年规划》等教育政策，中国教育科学院专家从中国教育现代化发展的现实以及国内外教育发展目标和重点工作出发，在参考借鉴国内外已有研究成果基础上，初步构建了我国教育现代化评价指标体系，并采用德尔斐法、综合学者和专家意见，进一步调整和完善了评价指标体系。

教育现代化评价指标体系不仅体现了教育发展的目标要求，也兼顾了教育现代化发展的实际需要，还有利于发挥指标的导向功能。[13] 依据以上目标要求，该指标体系（表 2-7）共设定四项一级指标，具体包括机会普及化、投入优先化、质量优质化、发展公平化。

（1）机会普及化：该指标是教育现代化的基本要求。教育机会不仅能反映教育普及程度和教育机会供给情况，也能反映教育满足人民群众需要的程度，主要包括入学机会、受教育过程机会和取得学业成功的机会等方面。[14] 机会普及化主要从学生教育参与率角度考查教育机会平等，包括入学率、升学率、职业培训参与率等关键性指标，旨在评价并进一步提升教育机会平等。

（2）投入优先化：该指标是教育现代化的首要条件。教育投入是支撑国家长远发展的基础性、战略性投资，[15] 不但能反映国家和地区对教育事业的重视程度，同时也能反映教育现代化的保障水平，主要包括人力投入、财力投入、物力投入等。投入优先化主要从学生人均资源占有率角度考察不同教育项目的投入，包括生师比、生均教育经费、生均建筑面积等关键性指标，旨在反馈并为优化教育投入提供数据支持。

（3）质量优质化：该指标是教育现代化的核心内容。教育质量不仅能反映教育发展水平的高低，也能反映教育活动达到预期效果的程度，主要包括学生发展、教师队伍、教育成果等方面。衡量教育质量的指标主要包括学生学业成绩、人力资源水平、教师学历合格率、高级职称教师比例、科学研究成果等。质量优质化主要从人力资源角度考查教育质量的质量,包括人力资源水平、教师学历合格率、科学研究成果等关键性指标,旨在促进教育质量的优化与均衡发展。

(4)发展公平化:该指标是教育现代化的根本宗旨。教育公平反映了每个社会成员能否享有同等的教育权利与教育机会、同等的教育资源、同等的教育质量、同等的就业机会等,主要包括机会公平、过程公平和结果公平等。[16]发展公平化主要从教育过程和教育结果角度考查教育发展成果,包括升学率的城乡差异、生均教育经费的城乡差异、教师学历合格率的城乡差异等关键性指标,旨在监督和促进教育发展的过程与结果公平。

表2-7 中国教育现代化评价指标体系

一级指标	二级指标	三级指标
机会普及化	入学率	小学新生中接受过学前教育的比例、小学净入学率、义务教育巩固率(2.5)
	升学率	小学、初中、高中、大学的升学率(2.5)
	职业培训参与率	成人参加岗位证书培训的比例、成人参加中等教育培训的比例、成人参加高等教育培训的比例(2.5)
投入优先化	生师比	幼儿园、小学、初中、高中、大学的生师比(1.5)
	生均教育经费	幼儿园、小学、初中、高中、大学的生均教育经费(2)
	生均建筑面积	幼儿园、小学、初中、高中、大学的生均建筑面积(1.5)
质量优质化	人力资源水平	成人识字率、6岁以上人口平均受教育年限、每百万人高等教育人口数(3)
	教师学历合格率	幼儿园、小学、初中、高中、大学的教师学历合格率(2)
	科学研究成果	专利受理量、图书发行量、期刊发行量(2)
发展公平化	升学率的城乡差异	幼儿园、小学、初中升学率的城乡差异(3)
	生均教育经费的城乡差异	幼儿园、小学、初中、高中生均教育经费的城乡差异(2)
	教师学历合格率的城乡差异	幼儿园、小学、初中、高中教师学历合格率的城乡差异(2)

注:括号内数字代表各指标权重。
资料来源:高丙成. 我国教育现代化评价指标体系的构建与应用[J]. 教育科学研究,2019(292):7-14.

3. 中国教育指标体系

进入21世纪以来,中国政府高度重视中国的教育体系以及智库建设,尤其是党的十八大以来,以习近平同志为核心的党中央对国家新型智库建设和教育指标建设给予殷切的期望。"十三五"规划时期是我国改革开放以来的重要发展阶段,是全面建成小康社会的关键五年。全面建成小康社会离不开各级各类教育的现代化发展,离不开教育界对教育结构、质量、效益的监控与调整。

为贯彻落实《国家中长期教育改革和发展规划纲要（2010—2020年）》等教育方针，我国长江教育研究院构建的中国教育指数综合认识、评价、监测、协调教育发展，提供了阶段性的归纳、反馈与反思，为我国实现由人力资源大国向人力资源强国的战略迈进，提供研究支撑和智力支持。该指标体系（表2-8）共分为三项一级指标，具体包括发展指标、创新指标、绿色指标。

（1）发展指标：该指标由规模度、投入度、质量度、贡献度、信息度、开放度、公平度、普惠度等关键性指标组成，综合反映中国年度教育发展的基本状态和发展轨迹的每个节点。

（2）创新指标：该指标由创造度、创新度、创业度等关键性指标组成，力求反映中国教育重大创造、改革创新和学生创业的基本情况。

（3）绿色指标：该指标由生态度、宣教度、科学度等关键性指标组成，力求反映中国教育在绿色生态维护、绿色宣传教育和绿色科学发展方面的基本情况。

表2-8 中国教育指标体系

一级指标	二级指标	三级指标
发展指标Ⅰ（20.25）	规模度（11.27）	绝对规模（54.15）
		相对规模Ⅰ（学生数）（27.08）
		相对规模Ⅱ（教师数）（18.77）
	投入度（18.95）	中央和地方教育财政投入（16.34）
		生均教育经费投入（53.96）
		生均教育公共财政投入（29.69）
	质量度（31.87）	师生比（19.58）
		教师学历（合格）达标（31.08）
		地区教育竞争力（49.34）
	贡献度（37.90）	人才培养（43.09）
		科学研究（19.47）
		实验平台（15.90）
		社会服务（21.55）
发展指标Ⅱ（17.03）	信息度（41.69）	教育信息化设备投入（25.99）
		信息化软硬件结构（41.26）
		信息化教学资源（32.75）
	开放度（15.84）	国际学术会议参与情况（31.08）
		国际生结构（49.34）
		高校对外技术转让情况（19.58）
	公平度（26.64）	高等教育入学公平（58.16）
		生均经费城乡公平（30.90）
		学前教育性别公平（10.94）
	普惠度（15.84）	15岁及以上人口文盲比率（35.86）
		15岁及以上人口接受高等教育比率（51.71）
		特殊教育师生比（12.43）

续上表

一级指标	二级指标	三级指标
创新指标（34.07）	创造度（53.96）	专利创造（16.34）
		ESI学科创造（29.69）
		国家科技三大奖创造（53.96）
	创新度（29.69）	社会办学体系发展创新（49.34）
		现代教育体系创新（19.58）
		青少年全国创新大赛获奖（31.08）
	创业度（16.34）	创业项目立项（国家级）（24.02）
		创业项目资助（国家级）（20.98）
		创业项目获奖（国家级）（54.99）
绿色指标（28.65）	生态度（29.70）	教育绿色生态（25.99）
		教育资源节约（41.26）
		教育环境友好（32.75）
	宣传度（16.34）	绿色宣传检索（13.65）
		绿色教育检索（23.85）
		生态文明教育宣传绩效评估（62.50）
	科学度（53.96）	学生体质健康情况（12.47）
		教师待遇行业占比（22.53）
		质量成本科学投入（27.60）
		网络服务科学管理（37.40）

注：括号内数字代表各指标权重。

资料来源：周洪宇. 新智库指数：中国教育发展指数、创新指数与绿色指数［M］. 武汉：湖北教育出版社，2018.

4. 中国教育发展指标体系

为推进《国家中长期教育改革和发展规划纲要（2010—2020年）》《国家教育事业发展第十二个五年规划》的贯彻和落实，北京师范大学刘复兴教授带领团队构建了比较科学合理的中国教育发展指数指标体系，提供阶段性追踪及检测的方法、手段及模型，力求助力和深化教育领域综合改革。

中国教育发展指数指标体系（表2-9）在建构过程中遵循以下原则：第一，紧紧围绕教育发展目标而开展研究；第二，教育发展指标力求科学合理、实用，有较强的可操作性；第三，教育发展指标抓住重点，简明扼要，容易接受，不过于复杂。中国教育发展指数依据以上原则，共包括教育发展规模指标、教育发展质量指标、教育发展效益指标、教育发展公平指标、教育发展创新指标五项一级指标。

（1）教育发展规模指标：从绝对规模和相对规模两个维度，分学前教育、小学教育、初中教育、高中教育、高等教育五个学段，通过描述区域教育发展的规模现状，根据不同省级行政区经济社会发展的基础和现状，监测教育发展的体量状态，预测、指导并规划教育发展的方向和趋势。

（2）教育发展质量指标：该指数由专任教师学历达标率、班级规模、生师比等关键性指标组成，从质量过程和质量结果的角度，分学前教育、小学教育、初中教育、高中教育、高等教育五个学段，根据我国省级行政区划，描述教育发展的质量。

（3）教育发展效益指标：该指数由教育投入占地方GDP的比重、教育支出占地方财政支出的比重、生均教育经费、教育资源的配置情况、教师和学生的发展效益等关键性指标组成，从投入、产出两个维度，小学教育、初中教育、高中教育、高等教育五个学段，根据我国省级行政区划，描述区域教育发展的效益，预测、规划教育支出的方向和趋势。

（4）教育发展公平指标：从城市，农村两个维度，分析我国省级行政区的教育发展的公平程度。教育公平发展评估可以分为三大类，即入学机会、资源分配与教育结果。

（5）教育发展创新指标：通过梳理《国家中长期教育改革和发展规划纲要（2010—2020年）》中的创新点（共66个）并以此为基准，评价各省级行政区以及整个国家的教育创新程度。教育创新发展评估具体涉及学前教育、义务教育、高中教育、高等教育、人才培养体制改革、考试招生制度改革、建设现代学校制度、办学体制改革、管理体制改革、扩大教育开放、加强教师队伍建设、保障经费投入、教育信息化、依法治校、加强组织领导等。

表2-9 中国教育发展指标体系

一级指标	二级指标		三级指标
教育发展规模指标	教育绝对规模指标	在校学生数	学前教育在校学生数
			小学教育在校学生数
			初中教育在校学生数
			高中教育在校学生数
			高等教育在校学生数
	教育相对规模指标	平均每十万人口在校学生数	平均每十万人口学前教育在校学生数
			平均每十万人口小学在校学生数
			平均每十万人口初中在校学生数
			平均每十万人口高中在校学生数
			平均每十万人口高等教育在校学生数
		入学率	学前教育毛入学率
			小学毛入学率
			初中毛入学率
			高中毛入学率
			高等教育毛入学率

续上表

一级指标	二级指标	三级指标
教育发展质量指标	专任教师学历达标率	学前教育专任教师学历达标率
		小学专任教师学历达标率
		初中专任教师学历达标率
		普通高中专任教师学历达标率
		普通高等学校专任教师学历达标率
	班级规模	学前教育班级规模
		小学教育班级规模
		初中教育班级规模
		普通高中班级规模
	生师比	学前教育生师比
		小学教育生师比
		初中教育生师比
		普通高中生师比
		普通高等学校生师比
教育发展效益指标	教育投入占地方GDP的比重	地方教育投入总量
		地方投入占地方GDP的比重
	教育支出占地方财政支出的比重	预算内教育经费
		预算内教育经费占地方财政支出的比重
	生均教育经费	普通小学生生均教育支出
		初中生均教育支出
		普通高中生均教育支出
		普通高等院校生均教育支出
	教育资源的配置情况	省级行政区教育行业工资及其区域平均工资之比
	教师和学生的发展效益	各省级行政区国家级教学名师奖人数
		全国优秀博士学位论文获得者人数
教育发展公平指标	入学机会公平	城市义务教育入学率
		农村义务教育入学率
		男生义务教育入学率
		女生义务教育入学率
	生均经费公平	普通义务教育生均教育经费
		农村义务教育生均教育经费
		普通高中教育生均教育经费
		农村高中教育生均教育经费

续上表

一级指标	二级指标	三级指标
教育发展公平指标	生师比公平	城市学前教育生师比
		农村学前教育生师比
		城市义务教育生师比
		农村义务教育生师比
		城市高中教育生师比
		农村高中教育生师比
	教师素养公平	城市学前教育教师学历水平
		农村学前教育教师学历水平
		城市义务教育教师学历水平
		农村义务教育教师学历水平
		城市高中教育教师学历水平
		农村高中教育教师学历水平
教育发展创新指标	学前教育	基本普及学前教育
		明确政府职责
		把学前教育发展重点放在农村义务教育
	义务教育	巩固义务教育普及水平
		提高义务教育质量
		增强学生体质
		推进义务教育均衡发展，切实缩小校际差距，着力解决择校问题
		推进义务教育均衡发展，加快缩小城乡、区域差距
		减轻学生课业负担
	高中教育	加快普及高中阶段教育
		全面提高普通高中学生综合素质
		推动普通高中多样化发展
	高等教育	全面提高高等教育质量
		提高人才培养质量
		大力推进研究生培养机制改革
		提升科学研究水平
		增强社会服务能力
		优化结构办出特色
		促进高校办出特色
		加快建设一流大学和一流学科

续上表

一级指标	二级指标	三级指标
教育发展创新指标	人才培养体制改革	更新人才培养观念
		创新人才培养模式
		改革教育质量评价和人才评价制度
		推进人才评价及选用制度，为人才培养创造良好环境
	考试招生制度改革	推进考试招生制度改革
		完善中等学校考试招生制度
		完善高等学校考试招生制度
		逐步实施高等学校分类入学考试
		完善高等学校招生名额分配方式和招生录取办法
		加强信息公开和社会监督
	建设现代学校制度	推进政校分开，管办分离
		落实和扩大学校办学自主权
		完善中国特色现代大学制度
		加强章程建设
		扩大社会合作
		推进专业评价
		完善中小学学校管理制度
	办学体制改革	深化办学体制改革
		深化公办学校办学体制改革
		改进非义务教育公共服务提供方式
		大力支持民办教育
		依法管理民办教育
	管理体制改革	健全统筹有力、权责明确的教育管理体制
		加强省级政府教育统筹
		转变政府教育管理职能
	扩大教育开放	加强国际交流与合作
		引进优质教育资源
		提高交流合作水平

续上表

一级指标	二级指标	三级指标
教育发展创新指标	加强教师队伍建设	建设高素质教师队伍
		加强师德建设
		提高教师业务水平
		提高教师地位和待遇
		健全教师管理制度
	保障经费投入	加大教育投入
		完善投入机制
		加强经费管理
	教育信息化	加快教育信息基础设施建设
		加强优质教育资源的开发与应用
		构建教育管理信息系统
	依法治校	完善教育法律法规
		全面推进依法行政
		大力推进依法治校
		完善督导制度和监督问责机制
	加强组织领导	加强和改善对教育工作的领导
		加强和改进教育系统党的建设
		切实维护教育系统的和谐稳定

注：括号内数字代表各指标权重。

资料来源：刘复兴，薛二勇，等．教育发展指数［M］．北京：北京师范大学出版社，2014．

5. 中国教育监测与评价统计指标体系

为全面贯彻落实《国家中长期教育改革和发展规划纲要（2010—2020 年）》精神，充分发挥教育统计工作对教育管理、科学决策和服务社会的重要作用，促进教育事业科学发展，全面提高国民素质，教育部组织专家对1991年发布的《中国教育监测与评价统计指标体系（试行）》进行了修订和完善。新版《中国教育监测与评价统计指标体系（试行）》于 2015 年 8 月发布。与旧版相比，新修订的指标体系更加关注促进教育公平和科学监测教育发展的需要，参照国际教育统计监测指标体系，结合新修订的教育统计报表，在原监测指标的基础上，删减了部分陈旧指标，新增了教育信息化、学生体质健康、学校安全以及教师培训等相关指标。

该指标体系从宏观层面的综合性监测评价，到中观层面的学校办学条件、教育经费等进行设计，共分为五类102项，可用于指导各级教育行政部门和学校科学开展教育事业发展监测与评价工作。其中，一级指标包括综合教育程度、国民接受学校教育状况、学校办学条件、教育经费和科学研究（表 2 - 10）。

（1）综合教育程度：该指标从整体上反映一个国家的教育实力与水平，涵盖了总体教育投入、教育规模、教育效益等内容，综合考查中国教育的发展情况。

（2）国民接受学校教育状况：主要关注教育机会、教育质量、教育公平、各级各类教育的发展规模，以及高等教育对外开放水平，监测对象主要包括普通中小学、中等职业高中、高等职业高中、普通高等教育学生。

（3）学校办学条件：主要聚焦办学质量、条件保障、教育的国际化程度和开放水平三个方面，其中，条件保障除了关注基础设施的建设、合格教师的配备外，新版的指标体系还着重强调校园安全与学校教育的信息化程度。

（4）教育经费：主要体现不同主体如政府、社会、公民个人，对各级各类教育事业的投入水平和力度。

（5）科学研究：主要从数量与质量两个方面对高校科研水平进行监测与评价，如科研论文产出量、成果转化情况、科研经费投入等。

表2-10 中国教育监测与评价统计指标体系

一级指标	二级指标
综合教育程度	国家财政性教育经费占国内生产总值比例（%）
	新增劳动力平均受教育年限（年）
	主要劳动年龄人口平均受教育年限（年）
	新增劳动力中受过高中阶段及以上教育的比例（%）
	主要劳动年龄人口中受过高等教育的比例（%）
	每十万人口各级学校在校生数（人）
	在各级各类学校（机构）中接受过培训的人次（人次）
国民接受学校教育的状况	学前教育毛入园率（%）
	小学一年级新生中接受过学前教育的比例（%）
	净入学率（%）
	毛入学率（%）
	义务教育巩固率（%）
	毕业生升学率（%）
	义务教育阶段农村学校在校生中寄宿生所占比例（%）
	义务教育阶段农村学校在校生中留守儿童所占比例（%）
	义务教育阶段在校生中随迁子女所占比例（%）
	义务教育阶段在校生中进城务工人员随迁子女所占比例（%）
	义务教育阶段进城务工人员随迁子女在全日制公办学校就读的比例（%）
	义务教育阶段特殊教育在校生所占比例（%）
	义务教育阶段随班就读和在普通学校附设特教班学习的残疾人比例（%）
	民族地区在校生中双语教学学生所占比例（%）

续上表

一级指标	二级指标	
国民接受学校教育的状况	民办教育在校生所占比例（%）	
	民办普通本专科招生所占比例（%）	
	普通高中与中等职业教育招生比	
	普通高中与中等职业教育在校生比	
	中小学（幼儿园）平均班额（人/班）	
	中（小）学小班额班比例（%）	
	中（小）学大班额班比例（%）	
	毕业生初次就业率（%）	
	学生体质健康达标率（%）	
	学生体质健康优良率（%）	
	普通高校在校生中外国留学生所占比例（%）	
	普通高校外国留学生中接受学历教育的比例（%）	
学校办学条件	教职工	生师比
		幼儿园学前教育专业毕业专任教师比例（%）
		中（小）学县级及以上骨干教师比例（%）
		中（小）学学生与专职心理健康教育教师比
		特殊教育学校受过特教专业培训的专任教师比例（%）
		学历合格专任教师比例（%）
		高于规定学历专任教师比例（%）
		"双师型"教师比例（%）
		民族地区双语教学专任教师比例（%）
		高级专业技术职务专任教师比例（%）
		普通高校具有研究生学位的专任教师比例（%）
		普通高校具有海外工作学习经历专任教师比例（%）
		普通高校聘请校外教师与校本部专任教师比
		普通高校聘请的外籍教师占专任教师的比例（%）
		普通高校学生与专职辅导员比
		普通高校学生与心理咨询工作人员比
		每百名专任教师接受培训的次数（人次/百人）
	学校校舍、占地	生均校舍建筑面积（平方米/生）
		生均教学及辅助、行政办公用房面积（平方米/生）
		生均实验室面积（平方米/生）
		寄（住）宿生生均宿舍面积（平方米/生）
		普通高校生均宿舍面积（平方米/生）
		生均学校占地面积（平方米/生）
		学校绿化用地面积所占比例（%）
		生均体育馆面积（平方米/生）
		生均运动场地面积（平方米/生）
		中（小）学体育运动场（馆）面积达标率（%）

续上表

一级指标	二级指标	
学校办学条件	学校图书、教学仪器配备	生均图书（册/生）
		生均教学仪器设备值（元/生）
		中（小）学体育器械配备达标率（%）
		中（小）学音乐器材配备达标率（%）
		中（小）学美术器材配备达标率（%）
		小学数学科学实验仪器达标率（%）
		中学理科实验仪器达标率（%）
	学校信息化建设	每百名学生拥有教学用终端（计算机）数（台/百人）
		建立校园网的学校比例（%）
		接入互联网的学校比例（%）
		校均接入互联网出口带宽（Mbps/校）
		生均数字资源量（GB/生）
		网络多媒体教室占教室总数比例（%）
		校均网络课程数（门/校）
		每百名专任教师接受信息技术相关培训的次数（人次/百人）
	学校医疗、卫生、安全情况	中（小）学有校医院（卫生室）的学校比例（%）
		中（小）学有专职校医的学校比例（%）
		中（小）学有专职保健人员的学校比例（%）
		有网管供水的学校比例（%）
		有卫生厕所的学校比例（%）
		在校生死亡人数所占比例（%）
		在校生死亡人数中校内所占比例（%）
教育经费	公共财政预算教育经费占公共财政支出比例（%）	
	公共财政预算教育拨款增长与财政经常性收入增长比较情况（百分点）	
	生均公共财政预算教育事业费（元/生）	
	生均公共财政预算公用经费（元/生）	
	生均教育经费指数（%）	
	社会捐赠经费及民办学校中举办者投入占教育总经费的比例（%）	
科学研究	普通高校出版自然科学与技术专著数（部）	
	普通高校发表自然科学与技术论文数（篇）	
	普通高校知识产权授权数（件）	
	普通高校科技成果获奖数（项）	

续上表

一级指标	二级指标
科学研究	普通高校技术转让收入（万元）
	普通高校自然科学与技术研究与发展全时人员数（人年）
	普通高校参与科技项目研究生人数（人）
	普通高校科技经费拨入总额（万元）
	普通高校出版人文与社会科学著作数（部）
	普通高校发表人文与社会科学论文数（篇）
	普通高校人文与社会科学研究与咨询报告数（篇）
	普通高校人文与社会科学成果获奖数（项）
	普通高校人文与社会科学研究与发展全时人员数（人年）
	普通高校人文与社会科学研究课题经费拨入总额（万元）

6. 教育强国指标体系

建设教育强国，不仅是全面建成小康社会和中华民族的伟大复兴的必由之路，也是提高国民整体素质，促进人的全面发展的根本途径。因此，需要制定一套综合指标体系来反映国家教育的质量，进而完善教育体系，提升国家教育水平，实现教育强国的宏伟目标。教育强国指标体系（表2-11）是依据发达国家的教育强国战略的特点和规律，遵循总体性、综合性、相对性的原则制定而成。教育强国建设离不开完备的现代教育体系、现代化教育制度、高质量的教育发展水平以及强有力的教育保障条件，因此该指标体系由教育体系、教育制度、发展水平、保障条件四类一级指标构成。

（1）教育体系：现代教育体系是教育强国的支撑系统。完备的现代教育体系是包括普通教育和职业教育两个体系，正规教育与非正规教育两个系统，学前教育、初等教育、中等教育和高等教育与继续教育等五个层次完整的教育系统，并支撑和保障国家教育与人力资源开发需要；从另一个方面分析，现代教育体系必须包括公共教育、基本服务体系和高层次人才培养体系。

（2）教育制度：现代教育制度是教育强国的制度保障。制度现代化是教育现代化的内在要求和本质反映。教育强国体现在覆盖学前教育、初等教育、中等教育、高等教育的现代学校制度；高水平高质量的义务教育制度；完善的职业教育与培训制度；以能力评价为核心的学业证书和职业证书制度；适应全民学习需求的终身学习制度；以促进和保障教育公平为重点的教育资助制度；落实教育优先发展的保障制度。

（3）发展水平：一个国家教育系统的产出能力，特别是强大的培养能力是教育强国的外在特征。这种培养能力强大与否的判断标准有三个：一是能够使全体学龄人口享受有质量的公平教育；二是教育系统培养的高层次、技能型人才能够支撑国家经济和社会发展以及人民享受高品质生活的需要；三是一个国家的学生在国际知识比赛评价中处于领先位置，创新型人才在知识创新、技术创新和重大国际奖项中持续取得成就，保证国家竞争能力，为人类的知识创新做出重大贡献。

（4）保障条件：教育发展的首要保障条件是教育人力资源，即教师资源的保障。现代化教育需要高素质专业化的教师队伍；教育投入水平特别是公共教育经费占GDP的比重，是衡量一个国家教育财政保障水平的关键性指标；校舍、图书、仪器设备是教育过程中不可缺少的物质支持，以教育信息化推动教育现代化是实现教育强国的重要推力。

表2-11 教育强国指标体系

一级指标	二级指标	实现程度
教育体系	学前教育普及年限	85%
	学校教育预测受教育年限	14年以上
	25岁以上人口教育参与率	50%
教育制度	教育基尼系数	<0.1
	教育性别差距	<0.1
发展水平	人均受教育年限	12年以上
	高等教育毛入学率	50%以上
	研究生规模与本科教育规模之比	>1:10
	国际留学生规模	排名前10位
	国际数学科学成绩	排名前10位
保障条件	教育经费占GDP比重	5%左右
	家庭教育支出比例	3%
	互联网普及率	60%

资料来源：高书国. 教育指标体系——大数据时代的战略工具［M］. 北京：北京师范大学出版社，2015.

7. 人力资源强国指标体系

人力资源强国是指人力资源总量丰富、开发充分、结构合理、效能发挥达到世界先进水平的国家，包含人力资源数量、质量、结构、开发能力及利用效率等方面的重要因素。《国家中长期教育改革和发展规划纲要（2010—2020年）》指出，"到2020年，基本实现教育现代化，基本形成学习型社会，进入人力资源强国行列"。为全面落实《国家中长期教育改革和发展规划纲要（2010—2020年）》，由教育部统一部署，教育发展研究中心与北京科技大学共同合作制定了《人力资源强国指标体系》（表2-12），旨在实现合理配置和有效利用、建设人力资源的目标。

该指标体系坚持通用性、可采集性和可比较性三个主要原则，以人力资源开发质量为核心，分为资源开发数量、结构开发质量、开发能力和开发贡献4个一级指标，16个二级指标。其设计思路是：以人口再生产、人的全面发展和人力资源理论为指导，以数量为基础，更加重视数量与质量的结合；以总量为基础，更加重视总量与人均相结合；以宏观数据为基础，更加重视宏观数据与微观数据相结合。在指标设计上，以数量结构为基础，以开发质量为核心，以开发能力为重点，突出人力资源发展水平和知识贡献。

（1）人力资源数量结构：用于评价该国或该地区人力资源结构的合理程度。该指标从终身学习和教育公平的理念出发，注重早期人力资源开发对整体人力资源开发的作用，引入性别指数，重视女性人力资源开发和利用。

（2）人力资源质量：用于评价国家或地区人力资源的质量水平。

（3）人力资源能力：用于评价国家或地区政府、经济社会、教育、医疗对人力资源开发的支持程度。

（4）人力资源贡献率：用于衡量人力资源对经济社会发展，科技进步的贡献水平。

表2-12 人力资源强国指标体系

一级指标	二级指标	观测值
人力资源数量结构	劳动力总数	劳动力人口的总体数量（万人）
	劳动力人口比例	劳动力总人口的百分比（%）
	人口年龄中位数	人口结构
	女性劳动参与率（性别平等）	女性人力资源利用情况（%）
人力资源质量	人均预期寿命	人口健康水平（年）
	成人文盲率	文化素质水平（%）
	人均预期受教育年限	人口文化素质综合水平（年）
	每十万人口中在校大学生数	高文化素质人口比重（人）
	每十万人口中受教育人数	创新人才竞争力（人）
人力资源能力	四级教育综合入学率	教育参与水平（%）
	教育培训参与率	终身教育与学习水平（%）
	公共教育经费占GDP比例	政府人力资源开发能力（%）
	公共卫生支出占GDP比例	人口健康保障能力（%）
	研究与开发经费支出占GDP比例	科技创新知识能力（%）
人力资源贡献率	全社会劳动生产率	劳动力产出能力（美元）
	每千名研发人员专利申请量	人均科技创新贡献（件）

资料来源：高书国. 教育指标体系——大数据时代的战略工具[M]. 北京：北京师范大学出版社，2015.

8. 欧盟教育质量监测指标体系

教育质量问题一直是欧盟政治优先关注的问题之一。2002年欧盟理事会批准欧盟委员会提交的《教育和培训2010工作计划》，提出到2010年要使欧洲的教育和培训系统成为"世界教育质量参照系"的宏伟目标。欧盟教育质量监测指标体系紧紧围绕欧盟《教育和培训2010工作计划》中确定的8个关键教育政策领域来监测教育,这 8 个关键教育政策领域包括促进教育公平、提高教育效率、使终身学习成为现实、培养学生的关键能力、实现学校教育的现代化、实现职业教育和培训的现代化("哥本哈根"进程)、实现高等教育的现代化("博洛尼亚"进程)和提高学生的就业能力。

欧盟从构建终身学习体系的大教育观出发,按照一致性、适宜性、覆盖性原则确定了全程监测教育质量的 16 个核心指标和 5 个基准。这 16 个核心指标涵盖了从学前到终身学习的整个大教育系统,是对教育的全程监测。另外,5 个基准实际上也是量化的核心指标,作为欧洲平均成就参照水平,是欧盟各成员国共同的教育达成目标。该指标体系的目的是促进教育公平,提高教育效率,培养学生的关键能力、创造力和创新能力,提高学生的就业能力,实现教育现代化,使终身学习成为现实,进而使教育系统为实现提高欧盟竞争力,保持经济增长,促进就业和增进社会聚合等里斯本战略目标而做出贡献。

学前教育参与率:确保早期教育与保育服务的普及是欧盟关注的优先事项之一,越来越多的欧盟成员国不仅关心为所有孩子提供足够的学习机会,而且越来越关注早期教育与保育的质量层次。

特殊需要教育:强调每个个体都有受教育的基本权利,提出每个个体都有其独特的个性、兴趣、能力和学习需要。学校要接纳全体儿童,反对歧视排斥,促进积极参与,注重集体合作,并满足特殊儿童的特殊教育需要。

早期离校生比例:降低早期离校生比例是欧盟教育质量监测的重要目标之一,通过降低早期离校生比例提高劳动力的受教育水平,对保障充分就业和实现社会聚合具有重要意义。

阅读、数学和科学素养:世界经济合作与发展组织(OECD)在 2000 年推出的"国际学生评价项目"PISA 中主张未来生活所必需的素养,主要有阅读素养、数学素养和科学素养,这三大素养已成为未来世界所需要的人才的必备素养。

语言能力:指熟练掌握外语的能力。这种能力表现在人能够说出或理解前所未有的、合乎语法的语句,能够辨析有歧义的语句、能够辨别表面形式相同而实际语义不同或表面形式不同而实际语义相似的语句,掌握听、说、读、写、译等语言技能的运用能力。

运用信息技术能力:指个体在工作,闲暇和人际沟通中,能自信地、批判地使用信息技术,表现在信息通信技术基本技能的掌握上,如使用计算机进行检索、评估、储存、生产、呈现和交流信息,通过互联网交流和参与协作网络。

公民素养:以 1999 年国际教育成就评价协会(IEA)实施的公民教育调查的结果作为参照,调查的内容包括基本民主原则的知识、解释政治信息的技能、对政府的态度、参与公民社会的意愿等。

学会学习的能力:指追求和坚持学习的能力,包括通过以个体和团队方式有效管理时间和信息。该能力包括能意识到自己的学习过程和需要,抓住可利用的一切机会,具有克服障碍的能力以达到成功学习的目的。它意味着获取、处理和吸收新知识和技能,并寻求利用指导。

高中教育完成率:指 20 ~ 24 岁年龄组中至少成功完成高中阶段教育的人的

比例。高中教育作为衔接基础教育和高等教育的重要阶段，具有独特的目标任务，因此也成为欧盟教育监测的重要指标。

教师和教员的专业发展水平：教师教育质量的高低取决于教师队伍的素质，教师的专业发展水平是教育质量监测最重要的指标之一。发展高质量的教师教育，推行教师专业发展标准，使教师队伍具备专业技能和能力，充分发挥教师在建设知识社会中的重要作用。

高等教育毕业生：高等教育的毕业率是衡量高等教育质量发展的重要指标之一，一所高校的毕业率也直接反映了该校的教学质量管理水平。

学生的跨国流动性：在经济全球化和科学技术国际化的发展形势下，欧盟各国在跨国人才培养以及市场需求方面的重视度不断增加。不同国家或地区间的学生互动交流推动区域联盟一体化发展，也提升了教育国际化。

成人终身学习参与率：成人参加终身学习是指从调查之日起的过去四周中25～64岁年龄组人群参加的任何形式的教育和培训。在知识社会，个人必须在整个生命中不断更新和补充其知识、技能和能力，以使个人发展达到最大化并维持和改善其在劳动力市场中的地位。

成人能力：是指成年人在社会工作生活中所需要的技能、能力和态度，如识字水平、算术水平、理解社会文化的能力、人际交往能力、学习社会中所需要的新技能的能力等。

人口的受教育程度：指按照国家教育体制公民接受教育的最高学历，反映了一个国家的人力资本水平，也是社会发展的重要标志之一。

教育和培训投入：是体现国家政治意志和表示教育资源拥有量的一个重要指标。通过对不同学段、不同领域教育和培训投入测评，反映出教育内部的资源分布，为优化教育资源分配提供重要立足点和着力点。

早期离校生比例控制在10%以下：早期离校生是指18～24岁年龄组中仅具有初中学历而目前未在教育机构中接受教育和培训的人。要参与今日的知识社会，就需要有最低限度的知识基础。欧盟提出在2010年该比例控制在10%以内的基准，意味着需要增加200多万18～24岁青年人继续接受学校教育。

阅读素质低成就学生至少减少20%：在阅读素质基础领域，根据欧盟2003年调查的数据表明，欧盟各成员国约有20%的15岁以下的学生仅达到了最低水平，因此，改善学生的阅读表现水平成为欧盟教育监测的其中一个重要方向。

高中阶段教育完成率至少达到85%：欧盟确定的基准是到2010年高中阶段教育完成率应达到85%，意味着将增加200万20～24岁的青年人完成高中阶段的教育。

数学和理工科专业（MST）毕业生人数（含本科生、硕士生和博士生）至少增加15%，同时降低性别比例失衡：培养大批科技人才是使欧盟成为世界上最具活力和最具竞争力的知识经济社会的重要途径。欧盟每年约有75.5万MST毕业生，按照发展趋势到2010年MST毕业生人数可达到100万左右，即有望提前实现至少增加15%毕业生人数的目标。

成人参加终身学习的比例达到12.5%：欧盟2005年的调查研究表明，教育水平越高,参与终身学习的积极性就越大。在教育形式上,参与非正规教育的人数与参与正规教育的人数相较高出 10 倍。在 2005 年 25 个成员国成人终身学习参与率为 10.8% 的基础上,欧盟确定 2010 年成人参加终身学习的比例要达到 12.5%。

表 2-13 欧盟教育质量监测指标体系

教育质量监测的 16 个核心指标	学前教育参与率
	特殊需要教育
	早期离校生比例
	阅读、数学和科学素养
	语言能力
	运用信息技术能力
	公民素养
	学会学习的能力
	高中教育完成率
	教师和教员的专业发展水平
	高等教育毕业生
	学生的跨国流动性
	成人终身学习参与率
	成人能力
	人口的受教育程度
	教育和培训投入
监测教育质量的 5 个基准	早期离校生比例控制在 10% 以下
	阅读素质低成就学生至少减少 20%
	高中阶段教育完成率至少达到 85%
	数学和理工科专业(MST)毕业生人数(含本科生、硕士生和博士生)至少增加 15%,同时降低性别比例失衡
	成人参加终身学习的比例达到 12.5%

资料来源:李建忠. 欧盟教育质量监测的指标和基准[J]. 比较教育研究,2009,31(10):21-26.

9. 江苏教育现代化指标体系

为在 2020 年率先实现教育现代化,提升江苏省教育质量,江苏省政府于 2007 年颁布《江苏省县(市、区)教育现代化建设主要指标》。截至 2013 年,江苏省已有超过 90 个县(区、市)通过验收推动江苏教育事业的发展,江苏省组织制定了《江苏教育现代指标体系》并组织监测实施。

江苏教育现代化指标体系(表 2-14)具有全面性、先进性、引领性等主要特点。指标体系总体由三层指标构成:一级指标共 8 项,二级指标共 16 项,三级指标共 46 项。其中,一级指标包括教育普及度、教育公平度、教育质量度、教育开放度、教育保障度、教育统筹度、教育贡献度、教育满意度。

(1)教育普及度:主要考查各级各类教育的普及程度,包括各级教育、继续教育等关键性指标,旨在促进江苏省教育覆盖层面均衡发展。

(2)教育公平度:主要从机会与资源两个维度考查教育的公平程度,包括机会均等、资源配置等关键性指标,旨在促进江苏省教育对象层面的均衡发展。

(3) 教育质量度:主要从教育主体角度考查教育的质量情况,包括学术综合素质、学校办学水平等关键性指标,旨在提升江苏省的教育质量和水平。

(4) 教育开放度:主要从"走出去—引进来"角度考查教育的开放水平,包括资源共享、国际化水平等关键性指标,旨在提升江苏省教育的包容度、开放度和促进国际化发展。

(5) 教育保障度:主要考查教育资源保障程度,包括投入水平、师资水平、信息化水平等关键性指标,旨在为江苏省教育提供基础的资源保障。

(6) 教育统筹度:主要考查教育结构与管理合理性,包括布局与结构、体制与管理等关键性指标,旨在优化江苏省的教育结构和提升管理水平。

(7) 教育贡献度:主要考查教育对社会的回馈程度与效用,包括受教育水平、社会服务能力等关键性指标,旨在提升知识成果转化的水平和教育的社会效用。

(8) 教育满意度:主要考查对教育执行主体的满意度,包括对学校及政府的满意度这一关键性指标,旨在及时反馈并提升教育执行主体的教育落实水平,提升教育决策、教育执行的科学合理性。

表2-14 江苏教育现代化指标体系

一级指标	二级指标	三级指标
教育普及度	各级教育	学前3年教育毛入园率(2)
		义务教育巩固率(2)
		高中阶段教育毛入学率(2)
		高等教育毛入学率(2)
	继续教育	终身学习网络覆盖率(1)
		从业人员继续教育年参与率(2)
		城市与农村居民社区教育活动年参与率,其中:老年人年参与率(2)
教育公平度	机会均等	入学残疾少年儿童享受15年免费教育的比例(2)
		进城务工人员随迁子女与户籍学生享受同等待遇的比例(2)
		提供多样化教育(2)
	资源配置	义务教育城乡学校间条件均衡化比例(2)
		非义务教育阶段学校公共资源供给(2)
		困难学生受帮扶比例(2)

续上表

一级指标	二级指标	三级指标
教育质量度	学生综合素质	思想品德与心理健康（3）
		学业合格率，其中：中高等职业院校毕业生双证书取得率（3）
		体质健康测试合格率（3）
	学校办学水平	人才培养模式（3）
		达到省定优秀标准的各级各类学校比例（3）
		高水平大学数量（3）
教育开放度	资源共享	产学研结合水平（2）
		高校学分互认比例（2）
		学校、社会教育资源的开放和利用（2）
	国际化水平	本科院校具有海外学习经历的教师和学生比例（2）
		留学生占普通本科高校在校生比例（2）
		职业院校专业课与国际通用职业资格证书对接比例（1）
教育保障度	投入水平	财政教育支出预算和决算增长比例（3）
		全社会教育投入增长比例（2）
		各级教育生均预算内教育经费在全国省份排名（2）
	师资水平	师德与专业能力建设（2）
		教师学历达标比例（1）
		教师领军人才数在全国的占比（3）
	信息化水平	国家信息化标准达标率（3）
教育统筹度	布局与结构	各类教育协调发展与互通衔接（1）
		学校布局与规模合理（2）
		中等以下学校达到适度班额的比例（2）
	体制与管理	公办学校多形式办学（1）
		民办学校多形式办学（2）
		现代学校制度建设水平（3）
教育贡献度	受教育水平	新增劳动力人均受教育年限（3）
		主要劳动年龄人口平均受教育年限，其中：受过高等教育的比例（2）

续上表

一级指标	二级指标	三级指标
教育贡献度	社会服务能力	技能人才满足经济社会发展需求的情况（2）
		高校科研创新能力（2）
		高校应用研究开发成果转化率（2）
		高校毕业生就业率（1）
教育满意度	对学校及政府的满意度	学生、社会对学校的满意度（3）
		学校对政府管理和服务的满意度（3）

注：括号内数字代表各指标权重。

资料来源：高书国. 教育指标体系——大数据时代的战略工具［M］. 北京：北京师范大学出版社，2015.

10. 上海市教育现代化指标体系

根据上海市加快实现"四个率先"、建设"四个中心"的要求，按照2004年上海市教育工作会议提出的2010年率先基本实现教育现代化的目标，上海市教卫党委、上海市教委委托上海市教育科学研究院制定2010年教育现代化指标体系，用于引导、监控和评价该市教育现代化推进工作，同时供各区在推进本区域的教育现代化建设中参照。

2009年，上海市教育委员会发布了《上海市教育现代化指标体系及说明》，旨在进一步提升地区教育现代化指标体系建设工作。该指标体系以教育发展水平评价为核心，全面考虑了教育现代化的相关方面，对于布局结构、协调发展、制度建设、学校教育与社会教育做出较为全面的评价。2010年，教育现代化指标体系分为市级指标体系和区级指标体系，市级和区级指标体系下又分一级指标和二级指标。

根据指标的敏感性、重要性和国际通用性原则，该指标体系分别确定了10项市级核心指标和10项区级核心指标，一方面对一级指标赋予不同权重；另一方面对二级指标提出了2010年应达到的标准，[17]主要反映上海教育与现有及未来经济社会发展的适应程度，学生全面而有个性发展的状况，教育资源转化为人力资源的有效程度等。上海市教育现代化指标体系如表2-15至表2-17所示。

表2-15 上海市教育现代化指标体系（市级指标体系）

一级指标	二级指标	2010年标准
教育布局、结构的合理程度（0.1）	中小学校合理布局程度	
	高校学科专业布局结构合理程度	
	各级各类教育的协调发展	

续上表

一级指标	二级指标	2010年标准
政府对教育的投入水平（0.08）	财政性教育经费占GDP比例	4%
	市级财政统筹和转移支付的水平	
义务教育资源均衡配置程度（0.06）	校舍建设达标学校的比例	80%
	教师合理流动机制基本形成	
教育信息化水平（0.08）	中小学校园网连通率	97%
	信息技术在教育教学中的使用水平	
教育国际化水平（0.08）	高校境外学生占在校生的比例	8%
	教师到国外进修学习的比例	
学习型城市建设水平（0.1）	社区教育三级网络基本形成	90%
	学校和社会公共文化、体育设施资源的共享水平	
	企业用于员工继续教育和培训的经费占员工工资总额的比例	2%
教育发展水平（0.3）	0～6岁婴幼儿教育普及率	98%
	义务教育完成率	99%
	高中阶段入学率	99%
	残障儿童入学率	98%
	流动儿童在公办学校和在以招收农民工子女为主的民办小学义务教育免费就读比例	90%以上
	每十万人口在校大学生数	4700人
	新增劳动力平均受教育年限	14.5年
	高校毕业生初次就业率	85%
	高校科技论文被国内外引用数	
学生综合素质水平（0.12）	学生思想道德水平	
	学生学业水平	
	学生身心健康水平	
社会满意度（0.08）	用人单位对毕业生的满意度	
	家长对社会育人环境的满意度	

注：括号内数字代表各指标权重。

资料来源：高书国. 教育指标体系——大数据时代的战略工具[M]. 北京：北京师范大学出版社，2015.

（1）基本指标部分

表2-16　上海市教育现代化指标体系（区级指标体系）1

一级指标	二级指标	2010年标准
教育布局、结构的合理程度（0.08）	区县内学校合理布局程度	
	各级各类教育的协调发展	
政府对教育的投入水平（0.08）	教育投入达到法定"三个增长"的要求	
	财政性教育经费占政府财政支出比例	16%
义务教育资源均衡配置程度（0.08）	校舍建设达标学校的比例	80%
	区县内教师合理流动机制基本形成	
教育管理水平（0.06）	重大教育公共政策、措施的决策、社会参与度	
	学校依法治校、民主管理的水平	
师资队伍建设水平（0.18）	中小学生师比	
	学前与义务教育阶段专任教师学历达标率	100%
	高中阶段专任教师研究生学历所占比例	6%
	职业学校中"双师"型教师的比例	30%
	中小学教师年培训进修时间	60课时/人年
教育信息化水平（0.1）	中小学生机比	5∶1
	中小学校园网连通率	97%
	信息技术在教育教学中的使用水平	
学习型城区建设水平（0.1）	社区教育网络基本形成	
	学校和社会公共文化、体育设施资源的共享水平	
	公共图书馆藏书量	4.8册/人
教育发展水平（0.12）	0～6岁婴幼儿教育普及率	98%
	义务教育完成率	99%
	高中阶段入学率	99%
	残障儿童入学率	98%
学生综合素质水平（0.12）	学生思想道德水平	
	学生学业水平	
	学生身心健康水平	
社会满意度（0.08）	社会各界对学校教育的满意度	
	家长对社会育人环境的满意度	

注：括号内数字代表各指标权重。

（2）特色指标部分

表2-17 上海市教育现代化指标体系（区级指标体系）2

指标	2010年标准
流动儿童在公办学校和在以招收农民工子女为主的民办小学义务教育免费就读比例	90%以上
中小学境外学生占在校生的比例	
国际学校和中外合作办学水平	
中小学教师参与教育科研的水平	
其他自选指标（1）	
其他自选指标（2）	

注：括号内数字代表各指标权重。

资料来源：上海市教育委员会关于转发《上海市2010年教育现代化指标体系及说明》的通知. http：//jydd. hongkouedu. com/DuDaoPortalSite/Home/Detail？InfoGuid＝2b13cfa2－04fc－4f9c－a099－f55edf5a0165＆CategoryID＝656.

11. 广东省县域教育现代化指标体系

2004年，由中共广东省委、广东省人民政府颁发的《广东省教育现代化建设纲要（2004—2020年）》要求推进义务教育均衡化、高中教育普及化、高等教育大众化、社区环境学习化、教育合作国际化发展，建立起结构优化、协调发展、具有广东省特色、充满生机与活力的现代国民教育体系与终身教育体系，形成满足人民群众多样化学习需求的学习型社会，同时，提出到2010年，珠江三角洲地区和大中城市率先基本实现教育现代化，2020年实现全省教育现代化。为了给教育现代化建设提供一套科学的评价体系和评估方法，广东省教育科学院集结专家力量建设了广东省县域教育现代化指标体系（表2-18）。其中，包括3项一级指标：教育现代化保障、教育现代化实践、教育现代化成就。

（1）教育现代化保障：主要从人力、物力、运行机制等方面考查广东省县域教育现代化保障程度，包括教育思想和战略规划、人才资源、经费投入、办学条件、教育体系、教育信息化、教育国际化等关键性指标，旨在评估与提升县域现代化教育的保障水平。

（2）教育现代化实践：主要从具体教育方针落实角度考查广东省县域教育的有效实行情况，包括学生培养、教育管理、教育改革等关键性指标，旨在监测与反馈县域教育现代化实施过程情况，进而提升县域教育现代化实践水平。

（3）教育现代化成就：主要从效率、公平考查广东省县域教育现代化成就，包括教育质量、教育效益、教育公平、教育特色等关键性指标，旨在评估县域教育政策的落实效果。

表2-18 广东省县域教育现代化指标体系及评估方案(试行)

一级指标	二级指标	三级指标
教育现代化保障	教育思想和战略规划	教育思想
		战略规划
	人才资源	师资队伍
		学校管理队伍
		教育行政队伍
	经费投入	经费投入体制和机制
		经费投入水平
		经费使用的监测与效益评估
	办学条件	幼儿园
		义务教育学校
		高中阶段学校
		社会教育机构
	教育体系	国民教育体系
		终身教育体系
	教育信息化	信息技术普及
		信息化建设
		教育信息化成效
	教育国际化	教育国际交流与合作
		双语教育、跨文化教育和国际理解教育
教育现代化实践	学生培养	培养模式
		素质教育
	教育管理	学校管理
		教育行政管理
		教育法治
		教育与督导评估
	教育改革	改革理念
		改革研究
		改革成效

续上表

一级指标	二级指标	三级指标
教育现代化成就	教育质量	学校教学水平与学生素质
		升学率与就业率
	教育效益	教育对县域社会发展的贡献力
	教育公平	教育资源配置
		适龄常住人口入学（园）率
		辍学率
		区域学位供给能力
		农村适龄人口教育机会系数
		女性适龄人口教育机会系数
		非户籍常住人口子女教育机会系数
		贫困生教育机会系数
		残障适龄人口教育机会系数
		境外来粤工作人士子女教育机会系数
	教育特色	特色的适切性
		特色的影响力

资料来源：广东省县域教育现代化指标体系及评估方案（试行）https://m.doc.docsou.com/b6038a869efdbb343ff58c54f9597c639098be364.html.

三、问题导向下的教育指标体系

1. 广东省普及高中阶段教育督导验收指标体系

21世纪初，普通高中教育面临教育资源总体贫乏、教育机会供给总量过小、普通高中优质教育资源分布总体上不均衡等问题，因此，为了加快广东省高中阶段教育发展步伐，全面普及高中阶段教育，提升高中阶段教育的办学质量和水平，根据中共广东省委、广东省人民政府《关于加快普及高中阶段教育的决定》（粤发2007 19号）和有关文件精神，结合实际，制定了《广东省普及高中阶段教育督导验收指标体系（适用于重点发展区和生态发展区地级市督导验收）（试行）》（表2-19）。

该指标体系具体划分6项一级指标，具体包括组织领导、普及程度、教育经费、办学条件、师资队伍、教育管理。

（1）组织领导：考查政府是否落实教育优先发展战略地位，成立普及高中阶段教育工作领导机构，建立健全工作制度；普及高中阶段教育工作是否列入当地经济社会发展整体规划和战略重点，措施有力，成效显著；是否大力发展中等职业教育、积极促进区域内各类教育的均衡协调可持续发展。

（2）普及程度：主要从普通初高中、中等职业教育角度考查毛入学率、普职比、初中阶段在校生巩固率、初中毕业生升学率、生源转移等指标达标情况。

（3）教育经费：政府及有关部门依法确保高中阶段教育经费的三个增长；依照有关法规、政策要求，教育经费投入得到保证；教育经费使用的监督管理制度健全，高中阶段教育发展的经费得到落实；按照有关规定建立高中阶段学生助学机制。

（4）办学条件：考查学校占地、校舍、教学仪器设备、实训设施和图书资料等场地设施、办学规模是否达到国家和省制定的分类配备标准要求。

（5）师资水平：考查是否建立定期调整、动态管理的教师编制管理制度、教师培养培训制度；教师学历达标率、教师专业技术职务结构是否不断提高或优化。

（6）教育管理：评价高中阶段学校管理体制是否得到有效落实；高中阶段学校整体结构是否合理；是否坚持依法执教，积极扶持民办高中阶段教育发展；是否全面贯彻党和国家的教育方针，制度健全、管理规范。

表2-19 广东省普及高中阶段教育督导验收指标体系（试行）

一级指标	二级指标	三级指标
组织领导（10）	领导重视（6）	当地党委政府贯彻落实《中华人民共和国教育法》《中华人民共和国职业教育法》，落实教育优先发展的战略地位，切实把普及高中阶段教育纳入当地经济社会发展总体规划和战略重点；设立了高中阶段学校建校工程绿色通道，对高中阶段学校建设用地、规费减免、师资配备等方面实行相应优惠政策；充分整合当地高中阶段教育资源，实现统一规划、统一招生政策、统一考核（3）
		建立了普及高中阶段教育领导机构或协调机构，运转正常（1）
		党政主要领导和政府分管领导高度重视高中阶段教育，党委政府召开了专门会议，印发了专门文件，推动高中阶段教育发展（1）
		党政主要领导在教育工作实绩考核和普及高中阶段教育专项考核成绩在合格及以上（1）
	科学规划（4）	制定了科学、合理、可行的普及高中阶段教育发展规划，同当地经济社会发展紧密结合，协调发展，适度超前。大力发展中等职业教育（含技工教育，下同），积极促进区域内各类教育的均衡协调可持续发展（2）
		高中阶段教育发展规划得到全面落实（2）
普及程度（25）	高中阶段毛入学率（10）	本市户籍适龄人口高中阶段教育毛入学率达到85%以上（10）
	普职比（4）	高中阶段教育招生普职比大体相当（2）
		高中阶段教育在校生普职比大体相当（2）

续上表

一级指标	二级指标	三级指标
普及程度（25）	初中阶段巩固率（5）	初中阶段学校在校生年巩固率城区在98%以上（2.5），县（市）在97%以上（2.5）
	初中毕业生升学率（3）	初中毕业生升学率达到95%以上（3）
	生源转移（3）	市连续两年完成省下达中职生源转移输送任务（3） 县（市、区）完成市当年下达中职生源转移输送任务（县级验收适用）
教育经费（20）	三个增长（6）	各级人民政府教育财政拨款的增长应当高于财政经常性收入的增长，并使按在校学生人数平均的教育费用逐步增长，保证教师工资和学生人均公用经费逐步增长（"三个增长"各2）
	经费筹措（4）	农村税费改革转移支付用于教育发展部分，城市教育费附加，公办高中学校择校费等全额用于教育发展（2） 城市教育费附加中用于职业教育的比例不低于30%（1） 设立高中阶段教育发展专项经费，并做到多渠道筹措经费（1）
	经费管理（4）	政府高中阶段教育经费（包含但不限于转移支付和教育费附加）在财政年度预算中单列，按要求及时拨付。教育经费专户管理，无拖延、截留或挪作他用等（3） 逐步建立职业教育生均综合定额拨款机制（1）
	教师工资（3）	教师工资按时足额发放，无拖欠现象。教师的平均工资水平不低于本地国家公务员的平均工资水平，并逐步提高（3）
	助学机制（3）	中等职业学校学生国家助学金市、县分担部分纳入本级年度财政预算，并及时足额拨付（2） 中等职业学校提取不少于5%的学费收入，用于资助贫困家庭学生学费减免（1）
办学条件（20）	学校规模（8）	县城及以上普通高中规模在1800人以上，农村普通高中在900人以上；市属中职学校中至少有一所5000人以上规模，县属中职学校规模在1500人以上（5） 高中阶段学校平均班额在56人以下（3）

续上表

一级指标	二级指标	三级指标
办学条件（20）	校园校舍（6）	学校占地面积、建筑面积和生均占地面积、建筑面积达到国家或省定标准（6）
	仪器设备（6）	普通高中实验室和功能室数量、教学仪器配备，中职学校实训场地面积等达到国家或省定标准，中职学校实习实训设备与所设专业需求基本相适应（3） 中等职业教育建有市综合性公共实训基地，总投入不少于2000万元（2） 学校图书馆和阅览室基本满足教学需要（1）
师资水平（15）	师资配备（4分）	建立了教师定期核编定编机制，教师配备及时，数量符合国家或省的有关标准要求，学科分布合理，满足教学需要（4）
	师资管理（4）	县级以上教育行政部门依法履行中小学教师的资格认定、招聘录用、职务评聘、培养培训和考核等管理职能，制度健全，管理规范（4）
	专任教师比例（3）	高中阶段学校专任教师占教职工的比例达到有关要求（3）
	素质水平（4）	正副校长均参加过校长培训，持证上岗（1） 专任教师90%以上学历达标（2） 中职"双师型"教师占专业课教师比例逐步达到60%以上，满足教学需要（1）
教育管理（10）	管理体制（3）	高中阶段教育管理体制符合有关要求（3）
	结构布局（3）	学校布局合理，普通高中集中在市、县（市、区）人民政府所在地和中心镇；中等职业技术教育以地级市城区为主，集中力量做大做强（2） 每县（市、区）应至少建有一所省一级以上普通高中，有条件的县（市、区）应建有一所中等职业学校（加挂职教中心）（1）
	依法管理（4）	依法治教，将政府宏观管理与发挥学校办学自主性结合起来（2） 建立并完善对高中阶段学校的督导、评估制度，以评促建，不断提高办学水平。高中教学水平评估合格学校达98%以上（1） 加强面上普通高中和薄弱中等职业学校建设和管理（1）

注：括号内数字代表各指标权重。

资料来源：广东省普及高中阶段教育督导及验收办法. https://m.doc.docsou.com/bffb3b28d233ec522c8e512e4.html.

2. 中等职业教育督导评估指标体系

《国家中长期教育改革和发展规划纲要（2011—2020年）》提出："大力发展职业教育，到2020年，形成适应经济发展方式转变和产业结构调整要求、体现终身教育理念、中等和高等职业教育协调发展的现代职业教育体系，满足人民群众接受职业教育的需求，满足经济社会对高素质劳动者和技能型人才的需要。"在政府领导、专家参与和科学研究的基础上，经过长时间的研究和讨论，2011年2月，教育部公布了《中等职业教育督导评估方法》，确定了《中等职业教育督导评估指标体系》，用于评估职业教育发展水平、发现问题、调整政策、深化改革、促进发展。

为了更全面了解中等职业学校办学情况，促进各地改善学校办学条件，国务院教育督导委员会办公室确立的中等职业教育督导评估指标体系通过指导学校加强自身建设，规范学校管理，不断提升学校办学水平和质量。该指标体系遵循以下原则：第一，统一标准，全国中等职业教育机构按照统一要求开展评估。第二，统一程序，按照"学校填报数据、省级实施、国家总体评估"的程序开展。第三，客观公正，以学校实际情况为依据，依托现代信息技术和数据进行评估。评估程序透明，评估结果公开，接受社会监督。第四，注重实效，强化结果运用，为办学提供指导和帮助，为决策提供依据和建议。

中等职业教育督导评估指标体系（表2-20）依据以上原则，共划分为四个一级指标给予督导评估指标参考依据，具体包括政策制度、经费投入、办学条件、发展水平。

（1）政策制度：主要考查中等职业教育办学主体的政策制度可行性，包括政策建设、制度创新等关键性指标，旨在促进教育制度与实际接轨，提升教育制度效用性。

（2）经费投入：主要考查中等职业教育经费调配合理性与针对性，包括总量投入、专项投入等关键性指标，旨在促进教育经费有效配置，促进中等职业教育发展。

（3）办学条件：主要考查中等职业教育物质条件达标程度，包括基础设施、教师队伍等关键性指标，旨在为中等职业教育提供必要的人力、物质资源。

（4）发展水平：主要考查中等职业教育建设发展程度，包括发展规模、教育质量等关键性指标，旨在评估和促进中等职业教育的发展。

表2-20 中等职业教育督导评估指标体系

一级指标	二级指标	三级指标
政策制度	政策建设	职业教育规划（4）
		联席会议制度（3）
	制度创新	就业准入与执业资格（3）
		教产合作与校企合作（4）
		学生资助与免学费（4）
		质量保障与评价考核（3）
		教育管理与教师队伍管理（4）

续上表

一级指标	二级指标	三级指标
经费投入	总量投入	中职预算内教育经费占预算内教育经费总量的比例（4）
		教育费附加安排用于职业教育的比例（4）
		中职生均预算内教育事业费与普通高中之比（4）
		中职生预算内公用经费占生均预算内教育事业费的比例（4）
	专项投入	师资队伍建设设施投入经费年增长率（3）
		免学费的中职学生数占在校生总数的比例（3）
		获得国家助学金的中职学生数字占在校生总数的比例（3）
办学条件	基础设施	中等职业学校办学条件达标率（3）
		生均实训基地建筑面积（4）
		生均仪器设备值（3）
		教学用计算机拥有量（3）
	教师队伍	专任教师师生比（3）
		省（市）级专业带头人或骨干教师的比例（4）
		"双师型"教师比例（2）
		高级专业技术职务教师比例（3）
		教师学历达标率（3）
		兼职教师比例（3）
		教师培训规模（3）
发展水平	发展规模	高中阶段招生职普比（3）
		职业培训规模（3）
	教育质量	中职毕业生一次就业率（3）
		中等职业教育的社会满意度（2）
		中等职业教育发展特色（4）

注：括号内数字代表各指标权重。

资料来源：教育部关于印发中等职业教育督导评估办法的通知（教督〔2010〕2号）．[EB/OL] http：// www.moe.gov.cn/srcsite/A11/moe_764/201603/t20160323_234942.html．

3. 县域义务教育优质均衡发展指标体系

为贯彻落实《国务院关于深入推进义务教育均衡发展的意见》和《国务院关于统筹推进县域内城乡义务教育一体化改革发展的若干意见》，有效解决县域间教育两极分化严重、"麻雀"学校现象频发、大班额问题凸显、残疾儿童义务教育质量低下与普及化程度低等教育欠均衡等问题，巩固义务教育基本均衡发展成果，引导各地将义务教育均衡发展向着更高水平推进，全面提高义务教育质量，国务院教育督导委员会通过组织建立县域义务教育优质均衡发展督导评估制度，开展义务教育优质均衡发展县（市、区）督导评估认定工作。

县域义务教育优质均衡发展指标体系（表 2-21）依据相关规划与意见，确立"依法实施、保障公平、注重质量、社会认可"的评估原则。依据以上原则，该指标体系共划分四项一级指标，具体包括资源配置、政府保障程度、教育质量、社会认可度。

（1）资源配置：重点评估县域义务教育学校在教师、校舍、仪器设备等方面的配置水平和校际均衡情况，旨在促进教育资源的有效配置。

（2）政府保障程度：重点评估县级人民政府依法履职，落实国家有关法律、法规、政策要求，旨在推进义务教育均衡发展和城乡一体化的工作成效。

（3）教育质量：重点评估县域义务教育普及程度、学校管理水平、学生学业质量、综合素质发展水平，旨在综合反馈和改善教育质量的实际状况。

（4）社会认可度：重点评估县级人民政府及有关职能部门落实教育公平政策、推动优质资源共享，以及义务教育学校规范办学行为、实施素质教育、考试评估制度改革、提高教育质量等方面取得的成效，旨在反馈义务教育均衡发展实况和建议。

表 2-21　县域义务教育优质均衡发展指标体系

一级指标	二级指标
资源配置	每百名学生拥有高于规定学历教师数
	每百名学生拥有县级以上骨干教师数
	每百名学生拥有体育、艺术（美术、音乐）专任教师数
	生均教学及辅助用房面积
	生均体育运动场馆面积
	生均教学仪器设备值
	每百名学生拥有网络多媒体教室数
政府保障程度	县域内义务教育学校规划布局合理，符合国家规定要求
	县域内城乡义务教育学校建设标准统一、教师编制标准统一、生均公用经费基准定额统一、基本装备配置标准统一
	所有小学、初中每12个班级配备音乐、美术专用教室1间以上；其中，每间音乐专用教室面积不小于96平方米，每间美术专用教室面积不小于90平方米
	所有小学、初中规模不超过2000人，九年一贯制学校、十二年一贯制学校义务教育阶段规模不超过2500人
	小学、初中所有班级学生数分别不超过45人、50人

续上表

一级指标	二级指标
政府保障程度	不足100名学生村小学和教学点按100名学生核定公用经费
	特殊教育学校生均公用经费不低于6000元
	全县义务教育学校教师平均工资收入水平不低于当地公务员平均工资收入水平，按规定足额核定教师绩效工资总量
	教师5年360学时培训完成率达到100%
	县级教育行政部门在核定的教职工编制总额和岗位总量内，统筹分配各校教职工编制和岗位数量
	全县每年交流轮岗教师的比例不低于符合交流条件教师总数的10%；其中，骨干教师不低于交流轮岗教师总数的20%
	专任教师持有教师资格证上岗率达到100%
	城区和镇区公办小学、初中（均不含寄宿制学校）就近划片入学比例分别达到100%、95%以上
	全县优质高中招生名额分配比例不低于50%，并向农村初中倾斜
	留守儿童关爱体系健全，全县符合条件的随迁子女在公办学校和政府购买服务的民办学校就读的比例不低于85%
教育质量	全县初中三年巩固率达到95%以上
	全县残疾儿童、少年入学率达到95%以上
	所有学校制定章程，实现学校管理与教学信息化
	全县所有学校按照不低于学校年度公用经费预算总额的5%安排教师培训经费
	教师能熟练运用信息化手段组织教学，设施设备利用率达到较高水平
	所有学校德育工作、校园文化建设水平达到良好以上
	课程开齐开足，教学秩序规范，综合实践活动有效开展
	无过重课业负担
	在国家义务教育质量监测中，相关科目学生学业水平达到Ⅲ级以上，且校际差异率低于0.15
社会认可度	县级人民政府及有关职能部门落实教育公平政策、推动优质资源共享，以及义务教育学校规范办学行为、实施素质教育、考试评估制度改革、提高教育质量等方面取得的成效

资料来源：县域义务教育优质均衡发展督导评估办法. https://m.doc.docsou.com/b52a26eab7344ccac110bee44def348bbb9277ff4.html.

4. 中小学教育质量综合评价指标框架

随着基础教育课程改革的实施，各地积极改进并不断完善中小学教育质量评价工作，但由于多方面的原因，单纯以学生学业考试成绩和学校升学率评价中小学教育质量的倾向还没有得到根本扭转。在评价内容上，重考试分数，忽视学生综合素质和个性发展；在评价方式上，重最终结果忽视学校进步和努力程度；在评价结果使用上，重甄别证明忽视诊断和改进。这些问题严重影响了学生的全面发展、健康成长，制约了学生社会责任感、创新精神和实践能力的培养。要解决这些突出问题，适应经济社会和教育事业发展的新形势新要求，必须大力推进中小学教育质量综合评价改革。

为建立体现素质教育要求、以学生发展为核心、科学多元的中小学教育质量评价制度，切实扭转单纯以学生学业考试成绩和学校升学率评价中小学教育质量的倾向，促进学生全面发展、健康成长的目标，教育部于 2013 年 6 月发布了《中小学教育质量综合评价指标框架（试行）》（表 2-22），该指标框架共包括五个一级指标，分别是品德发展水平、学生发展水平、身心发展水平、兴趣特长养成和学业负担状况。

（1）品德发展水平：主要考查学生品德认知和行为表现等方面的情况，可以通过行为习惯、公民素养、人格品质、理想信念等关键性指标进行评价，引导学生逐步形成正确的世界观、人生观、价值观。

（2）学业发展水平：主要考查学生对各学科课程标准所要求内容的掌握情况，可以通过知识技能、学科思想方法、实践能力、创新意识等关键性指标来进行评价。

（3）身心发展水平：主要考查学生身体素质和心理素质等方面的情况，可以通过身体形态机能、健康生活方式、审美修养、情绪行为调控、人际沟通等关键性指标进行评价，帮助学生形成健康的体魄和良好的心理适应能力。

（4）兴趣特长养成：主要考查学生学习的主动性、积极性和个人爱好等方面的情况，可以通过好奇心求知欲、爱好特长、潜能发展等关键性指标进行评价，促进学生个性发展和可持续发展。

（5）学业负担状况：主要考查学生的客观学习负担和主观学习感受，可以通过学习时间、课业质量、课业难度、学习压力等关键性指标进行评价，进而反馈至教育决策层，切实减轻学生过重的课业负担，提高学习的有效性和学习乐趣。

表 2-22　中小学教育质量综合评价指标框架（试行）

一级指标	二级指标	三级指标
品德发展水平	行为习惯	学生在文明礼貌、勤俭节约、热爱劳动、爱护环境等方面的认知和表现情况
	公民素养	学生在珍爱生命、遵纪守法、诚实守信、团结友善、乐于助人等方面的认知和表现情况
	人格品质	学生在自尊自信、自律自强、尊重他人、乐观向上等方面的认知和表现情况
	理想信念	学生的爱国情感、民族认同、社会责任、集体意识、人生理想等方面的情况

续上表

一级指标	二级指标	三级指标
学业发展水平	知识技能	学生对各学科课程标准要求的基础知识、基本技能的理解和掌握情况
	学科思想方法	学生对各学科思想和方法的理解和掌握情况
	实践能力	学生关注现实生活、参加社会实践和志愿服务活动、解决实际问题、进行职业准备等方面的情况
	创新意识	学生独立思考、批判质疑、钻研探究,解决问题的思路、方式方法等方面的情况
身心发展水平	身体形态机能	学生身高、体重、肺活量和身体运动能力等达到《国家学生体质健康标准》要求的情况以及视力状况等
	健康生活方式	学生对健康知识与技能的了解和掌握情况,生活与卫生习惯,参加课外文娱体育活动等方面的情况
	审美修养	学生在审美情趣和艺术修养等方面的发展情况
	情绪行为调控	学生对自己情绪的觉察与排解、对行为的自我约束情况,应对和克服学习、生活中遇到的困难的态度和表现情况
	人际沟通	师生关系、同伴关系、亲子关系等方面的情况
兴趣特长养成	好奇心求知欲	学生对某些知识、事物和现象的专注、思考和探求情况
	爱好特长	学生课余生活的丰富性,在文学、科学、体育、艺术等领域表现出的喜好、付出的努力和表现的结果
	潜能发展	学生在某些方面表现出的突出素质和进一步发展的能力
学业负担状况	学习时间	学生上课时间、作业时间、补课时间、睡眠时间等
	课业质量	课程教学、作业和考试(测验)的有效程度以及学生的感受和看法
	课业难度	课程教学、作业和考试(测验)的难易程度以及学生的感受和看法
	学习压力	学生在学习过程中表现出的快乐、疲倦、焦虑、厌学等状态

资料来源:中华人民共和国教育部. 教育部关于推进中小学教育质量综合评价改革的意见(教基二[2013]2号). [EB/OL]. http://www.moe.gov.cn/publicfiles/business/htmlfiles/moe/s7054/201306/153185.html.

5. 广东省义务教育现代化学校建设督导评估指标体系

针对广东省教育发展两极分化、珠三角地区学位紧张、随迁子女入学等问题,根据《中华人民共和国义务教育法》《教育督导条例》《教育部关于进一步加强中小学校督导评估工作的意见》等文件精神,制定了《广东省义务教育标准化学校督导评估实施办法》(2014年7月新版),以推动广东省义务教育均衡优质标准化发展,规范义务教育学校办学行为,全面推进素质教育。

义务教育标准化学校的督导评估要坚持以学生发展为本,以学校发展为重,规范性与创新性相统一的原则,充分发挥评价、指导、激励和促进功能,切实推动学校全面贯彻教育方针,进一步加强学校的标准化建设,全面提高教育质量和办学水平。依据以上原则,广东省义务教育标准化学校的督导评估指标体系(表2-23)共划分为7项一级指标,具体包括办学理念、学校管理、队伍建设、教育教学、学生发展、学校文化、信息技术。

(1)办学理念:从育人为本、追求卓越等关键性指标考查和把握广东省义务教育阶段教育现代化的发展方向,保障办学方向的正确性。

(2)学校管理:从依法治校、治理结构、办学行为、校园安全等关键性指标考查广东省义务教育具体的管理,监督和促进学校管理的改善。

(3)队伍建设:从管理、教务两个主体考查学校教育主体的建设情况,包括管理队伍、教师队伍、教辅人员队伍等整体关键性指标,旨在考量和提升教育主体的整体素质水平。

(4)教育教学:从德育工作、课程体系、教学管理等关键性指标综合考查教育教学的具体实施效果,力求做到教育教学各方面的有效落实。

(5)学生发展:从知识技能、情感态度、价值观等方面考查学生的实际发展水平,包括思想品德、学业水平、身心发展、审美情趣、实践能力和创新意识、学生评价等关键性指标,旨在全面检验学生的具体学习成果,并对教育各项工作提供反馈和意见。

(6)学校文化:主要考查校本文化的建设程度,包括校园环境、精神文化、开放办学、办学特色等关键性指标,促进校本文化的实事求是、隐形熏陶作用的有效发挥。

(7)信息技术:从基础建设、应用成效等关键性指标考查学校信息设备、信息应用的程度,旨在提升学校的教育信息化水平。

表2-23 广东省义务教育现代化学校建设督导评估指标体系

一级指标	二级指标	三级指标
办学理念	育人为本	全面贯彻党的教育方针,坚持依法治校,立德树人,以人为本,扎实推进素质教育,把培育和践行社会主义核心价值观有效融入学校教育全过程;遵循学生身心发展规律和教育教学规律,把促进学生全面而有个性地发展作为一切工作的出发点和落脚点
		学校有鲜明的办学理念和"一训三风",师生知晓度和认可度高,办学理念对学校各项工作具有统领性
	追求卓越	学校有适切的发展规划,目标明确,措施得力,操作性强,体现现代化学校和素质教育要求,贯穿学校年度工作中;每年有适切的工作计划和工作总结(含反思)
		将改革创新作为发展强大动力,着力内涵发展,有创新举措和实效

续上表

一级指标	二级指标	三级指标
学校管理	依法治校	推进依法治校，依法依规制定学校章程；建立现代学校制度，落实校长负责制，依法自主办学
		尊重和保障师生的合法权益，落实教育救济制度，有法律顾问为学校提供法律咨询
	治理结构	建有决策科学、执行高效、管理民主、参与广泛、监督有力、问责清晰的管理和运行机制；建有党组织，设有人事、德育、教学、科研、学生、后勤、安全、财务等机构，有工会、妇委会、团、队、家长委员会等组织，切实发挥作用
		学校教育教学、人事、财务、招生、学生管理、后勤保障、安全和卫生等管理制度健全，并得到有效落实；教职工代表大会制度健全，按规定如期召开；配合责任督学开展工作，建立学校视导员制度，开展学校内部督导工作
	办学行为	免试就近入学，实行常态分班，无违规补课；严格执行收费规定
		坚持面向全体学生，促进学生全面发展的原则，严格执行省课程计划，开齐开足各类课程，学生用书和教辅资料使用符合相关规定；课业负担合理
	校园安全	深入开展平安校园创建活动。建设人防、物防、技防为一体的全方位、立体化现代校园治安防控体系。按标准配备专业保安人员；安装安全视频监控系统和一键报警设施，并与公安机关实现联网联控；消防设施按规定配齐配足；校车安全管理规范有序，并建立监管平台；各项教育教学和生活设备设施符合国家标准和安全要求。消防、交通、宿舍、食堂、实验室、大型活动、网络等各项安全管理规范；校园及周边治安综合治理效果良好，文明有序
		建立安全、应急管理机制，人员职责明确，落实安全工作"一岗双责"制度，配备专职安全主任，建立安全工作台账，定期组织安全演练，开展经常性的安全隐患排查，严格落实上级有关工作部署，有健全、可操作性强的应急预案体系，正确应对和妥善处置突发事件。安全教育纳入教学计划，课时、用书、师资落实到位。近1年未发生校园安全主要责任事故和主要责任的伤亡以上治安、刑事案件，未发生影响恶劣的群体性事件和网络舆情问题

续上表

一级指标	二级指标	三级指标
队伍建设	管理队伍（团队）	按规定配齐校级领导，班子结构合理，符合任职条件
		校长具有先进的教育理念和办学思想，较强的领导力和专业能力，有效领导学校管理和课程教学，引领学校不断发展。学校班子团结和谐，务实进取，开拓创新，廉洁高效；善于反思进取，以各类学校《校长专业标准》促进自身专业发展；在师生员工中威信高
		中层管理团队作风务实，执行力强，部门沟通协作良好，工作效率高，师生员工满意率高
	教师队伍	按学校办学规模配齐配足专任教师（包括音、体、美、科学、信息技术等学科专业教师），教师学历100%达标（高一层次学历达到省定要求），任教学科与专业背景相符或完成了相应的转岗培训
		建立健全师德建设长效机制；教师队伍凝聚力强，团结协作，敬业爱岗；教师具有良好的职业道德，尊重爱护学生，维护学生合法权益；无有偿补课、体罚、侮辱学生等违法违纪犯罪、触犯师德红线等现象；建立师德档案
		教师具有丰富的科学文化知识，扎实的学科专业基础，良好的教育理论素养，掌握新课改理念，并用于指导教育教学实践；教育教学技能娴熟，熟练运用现代教育技术手段；具有较强的组织活动、管理班级、教育引导各层次学生、与家长沟通等方面的能力
		学校将不低于公用经费的10%用于教师培训，教师100%完成规定的继续教育学时（学分）；建立骨干教师发展机制，形成骨干教师成长梯队，县级以上骨干教师占专任教师的15%以上，省、市级名师占一定比例，发挥骨干教师引领作用；制定校本研修规划，制定教师个人专业成长规划；教师校本研修成效明显，将教研成果转化为教育教学实践；教师具有较强的终身学习和可持续发展能力，专业水平不断提升；建立教师专业成长档案
		建立科学合理的教师评价激励机制，各类考评能促进教师个人发展，促进团队合作，按要求实施绩效工资制度
	教辅人员队伍	合理设置岗位，按照岗位要求配齐配足教辅人员
		依法依规开展工作，认真履职，保障学校工作正常运转；服务意识强，工作效率高，师生家长满意率高；切实发挥服务育人功能

续上表

一级指标	二级指标	三级指标
教育教学	立德树人	建立运作有效、富有特色的德育工作体系；改进德育课程教学方法，加强各学科德育渗透，创新德育内容和形式
		积极利用校内外教育资源，重视发挥团、队组织作用；完善学校、家庭、社区合力育人机制；开展各类社会实践活动
		面向全体学生开展形式多样的心理健康教育活动
	三级课程	认真实施国家课程和地方课程，充分利用校内外教育资源，结合育人目标科学建设校本课程，将现代自然科学技术、人文社会科学新成果反映在学校的课程中
		强化体育课和课外锻炼，校园体育锻炼时间每天不少于1小时；重视和改进美育教学；有丰富多彩的学生社团活动
	教学管理	教学常规管理扎实，教学改革不断深化，积极开展启发式、探究式、讨论式、参与式等教学；建立教学质量保障制度；创新学习指导方法
		加强学科组建设。学科组建设制度健全，措施落实，效果显著。教研、科研制度健全，工作扎实有效，校本研修常规化，科研成果应用转化到教育教学实践中
		功能场室齐全，设施设备充足，管理科学规范，实验课开齐开足，仪器设备得到充分利用
学生发展	思想品德	初步树立社会主义核心价值观，公民意识强、环保意识强、安全意识强，爱学习、爱劳动、爱祖国；养成良好的行为习惯，讲文明、讲礼貌、诚实守信、遵纪守法；学生违法犯罪率为0
		具有初步分辨是非的能力和良好的个性品质，具有良好的社会公德和文明素养，现代公民意识和素质逐步增强
	学业水平	学习态度端正，学习兴趣浓厚，学习习惯良好，学习能力较强
		能自主学习，掌握课程标准所要求的学科知识技能和思想方法，个性潜能得到发挥，学业成绩不断进步
	身心发展	养成良好卫生和体育锻炼习惯；落实《国家学生体质健康标准》测试报告书制度、公告制度，每个学生至少学习掌握两项体育运动技能，学生《国家学生体质健康标准》合格率达到95%以上，优良率达到省定标准
		具有积极乐观、健康向上的心理品质，具有一定的自我认识能力及一定的调控情绪、承受挫折、适应环境、人际沟通的能力
	审美情趣	开齐、开足艺术课程，开展形式多样的艺术教育活动，提高学生艺术素养。定期组织学生参加形式多样的艺术兴趣小组或文艺社团组织，每个学生至少掌握1项艺术特长，至少参加1项艺术活动

续上表

一级指标	二级指标	三级指标
学生发展	实践能力和创新意识	积极参加综合实践活动；具有质疑、探究、创新意识，具有提出问题、分析问题、解决问题的基本能力以及一定的动手操作能力、社会实践能力；有小制作、小论文、小发明等成果
学生发展	学生评价	综合素质评价制度完善，教师、学生、家长参与的学生评价机制基本形成；采用学业成绩与成长记录相结合的评价方式，科学评价学生的德智体美劳全面发展状况；鼓励学生有自己的兴趣、爱好和特长
学校文化	校园环境	校舍、实验室、图书馆（室）及运动场馆和卫生基础设施等设施设备符合国家及省的标准和安全要求；合理安排教学区、运动区、生活区，根据各功能区的作用和特点设置文化主题，校园绿化、净化、美化，营造体现办学理念和学校特色的校园自然环境和人文环境；积极创建富有特色的班级文化
学校文化	校园环境	充分发挥广播、宣传栏、校报校刊、校园网络平台等校园文化载体的教育作用；学校各功能室经常向学生开放；学校图书报刊数量充足，适合不同年龄段学生阅读
学校文化	精神文化	传承与发扬中华优秀传统文化和区域特色文化，体现与时俱进、改革创新的时代精神，树立优良的校风、教风、学风
学校文化	精神文化	每年举办艺术节、科技节、体育节和学校运动会等；利用有纪念意义的重大节庆日和中华传统节日开展丰富多彩的教育活动；为共青团、少先队、学生会、学生社团、班集体开展活动提供必要条件，保证活动时间
学校文化	开放办学	建立与家庭、社会沟通及资源共享机制，利用社会（社区）教育资源，积极拓宽教育途径，鼓励社会（社区）和家庭参与学校文化建设；积极组织家访、校园开放日、家长课堂等多种形式的活动；充分利用现代信息技术加强与家长沟通联系；开放教育资源，使学校成为社区、社会文化活动场所，积极弘扬主流文化
学校文化	开放办学	在弘扬中华优秀传统文化基础上，通过学科渗透、校本课程、课外活动、文化交流等，增进学生的全球意识，理解、尊重多元文化，关心人类共同的问题，初步懂得基本的国际礼仪，掌握基本国际交往能力。积极开展国内外、境内外师生交流、信息交流、学习交流、教学研究合作等活动，积极配合参与国家及省的对外交流项目活动
学校文化	办学特色	从传统和优势出发，推进学校特色建设与发展；在学校特色建设某一方面或领域有突出表现

续上表

一级指标	二级指标	三级指标
信息技术	基础建设	每百名学生教学用信息终端数（计算机、智能终端）：小学达 15 台，初中达 20 台；100% 教师配备专用教学用终端；城镇中小学互联网宽带接入不低于 500M，其他学校不低于 100M；100% 的课室建成网络多媒体课室，配备多媒体教学平台，实现教学资源"班班通"；90% 的教师及初中以上学生拥有个人实名制的网络学习空间
		学校有一支与教育信息化建设、管理和应用相适应的教师和管理队伍；80% 以上教师达到《中小学教师信息技术应用能力标准》初级要求；45 岁以下教师 90% 以上达到《中小学教师信息技术应用能力标准》规定的中级以上水平
		建有学校门户网站和本校特色数字化教育资源平台，并与区域教育资源公共平台互通、共享；每位教师每年至少提交 1 节课的优质教学资源
	应用成效	使用学校管理信息化系统，教师、学生和学校资产信息入库率达 100%；充分发挥门户网站和数字化教育资源平台的作用，开展网络互动的家校共育
		教师积极应用信息技术优化教学、教研和课外辅导，信息技术设备的利用率达 80% 以上；建设 2 门以上网络课程，充分利用校内外数字化课程资源，促进课程内容、教学过程、教学评价信息化
		学生信息技术应用的意识和习惯良好，能够在学校或家庭自觉应用信息技术开展网络学习，自觉访问校园网、班级网站等进行自主学习或完成教师布置的作业；积极开展信息技术兴趣小组活动，积极组织学生参加各级教育部门举办的信息技术类比赛活动

资料来源：广东省义务教育现代化学校督导评估方案. https://m.doc.docsou.com/b3685a4d904 e-6dd6eb9ae6cba26c3d2939af7d525.html.

第三章 区域教育指标体系建设

第一节 指标体系提出依据

指标体系是大数据技术与教育发展目标有效结合的基础，是将抽象的教育目标条理化、定量化的关键步骤，是打破教育资源之间的壁垒，整合多维度、多层次数据的前提。为了提升区域教育治理能力，更好地衡量治理措施的实施效果，华南师范大学区域教育治理现代化研究中心构建了区域教育指标体系，本章将系统介绍该指标体系的建构过程、各主要指标的涵义以及测量操作方法。区域教育指标体系的建设坚持目标导向，在遵循科学性、综合性、可测量性原则的基础上，着重突出通用性、动态性原则，立足广东教育发展、面向粤港澳大湾区、辐射全国，力争为各治理主体呈现更为科学、全面、立体的教育发展面貌，为区域教育规划和决策提供第三方依据和指南，供各区县在推进本区域的教育现代化发展中参照。

一、目标导向

区域教育指标体系的建设以推进教育现代化为目标，把握广东教育现代化的前进方向和独特定位，围绕《中国教育现代化2035》提出的建设任务展开，充分激发教育培养人才、创新科技、服务社会、传承创新文化的功能。教育现代化建设致力于建成服务全民终身学习的现代教育体系、普及有质量的学前教育、实现优质均衡的义务教育、全面普及高中阶段教育、职业教育服务能力显著提升、高等教育竞争力明显提升、残疾儿童与少年享有适合的教育、形成全社会共同参与的教育治理新格局。这些建设目标又可以进一步凝炼为三大方面的内容，第一，发展中国特色世界先进水平的优质教育。何为优质？要以提高教育质量为重点，深入实施创新驱动发展战略，提升教育信息化和国际化水平。发展优质教育是时代对教育改革发展提出的新要求新使命，是由中高收入国家教育水平提升到高收入国家教育水平的客观要求，是教育适应新科技革命和产业变革的必由之路。第二，高水平地促进教育公平。推动各级教育普及，实现基本公共教育服务均等化，构建服务全民的终身学习体系。高水平地推进教育公平有助于破解教育资源不平衡不充分问题，提高人民群众对教育的满意度和获得感，是发挥教育系统整体功能和效率的重要基础。第三，推进教育治理体系和治理能力现代化。教育现代化是教育领域全方位的转型性变革，涉及思想观念、组织架构、结构体系、运行方式乃至制度规则等，必将引起也必将要求教育治理体系和治理能力现代化，治理方式的转变是加快实现教育现代化的保障。这三类发展目标是区域教育指标体系中各级指标提出与分类的依据。

二、通用性原则

教育指标体系种类繁多，指标命名方式、指标分类缺乏统一标准，易造成信息孤岛、数据重复采集等问题，信息收集各自为政、分析结果难以比较，各地区、各学校难以对自身教育发展水平有清晰的定位与认识。为了促进区域内与区域之间的比较，区域教育指标构建时遵循通用性原则。项目组采用文献计量法对近10年较为权威、系统的相关教育指标体系进行了梳理，共梳理16项指标体系，《广东省县域教育现代化指标体系及评估方案》（试行）（广东省教育厅，2008）；《上海市教育现代化指标体系及说明》（上海市教育委员会，2009）；《教育强国指标体系》（教育规划纲要工作小组办公室，2010）；《区域教育可持续发展指标研究》（全国教育科学规划领导小组办公室，2011）；《学前教育督导评估指标体系》（教育部，2012）；《教育现代化指标体系》（教育部教育现代化指标体系研究专题组，2013）；《江苏教育现代化指标体系》（江苏省教育厅，2013）；《全球高等教育体系排名指标体系》（国际高校联盟，2013）；《中等职业教育督导评估指标体系》（教育部，2013）；《学习型社会指标体系》（教育部教育发展研究中心，2013）；《人力资源强国指标体系》（教育部教育发展研究中心，2013）；《中国教育发展指数》（刘复兴、薛二勇，2014）；《中国教育监测与评价指标体系》（教育部，2015）；《城市教育现代化监测评价的思路、指标与方法：以副省级城市为例》（国家教育发展研究中心，2015）；《中国教育指数》（长江教育研究院，2016—2019）；《教育概览2018：OECD指标》（OECD，2018）。

本项目组对其中一级和二级指标进行了数据挖掘与统计分析，采用知识图谱的分析方法，知识图谱又称为知识领域可视化或知识领域映射地图，是显示知识发展进程与结构关系的一系列各种不同的图形，用可视化技术描述知识资源及其载体，挖掘、分析、构建、绘制和显示知识及它们之间的相互联系，它能为指标体系研究提供切实的、有价值的参考。图3-1显示了绘制的词云图，词云图以图形的形式对多个词语进行可视化展示，对出现频率较高的关键词予以视觉上的突出，

图3-1　主要指标词云图

具有生动形象、直观清晰的特点，方便识别应用频次较高的指标。通过词频分析发现，规模、质量、公平、投入（教育经费）、创新、普惠、信息化、开放是出现频次较高的指标，表明其具有突出的重要性与广泛的适用性，因此，这八项指标也需列入此次区域教育指标体系中。

三、动态性原则

指标体系建设要体现时代发展要求，指标选取要体现最新的教育发展理念，满足教育发展的动态需要。当前正处于从教育适应经济社会发展向教育助推经济社会发展过渡的时期，优质教育发展不平衡、不充分问题突出，学位需求明显增大，信息技术发展对教育教学的革命性影响，教育资源跨国、跨地区流动成为常态……未来教育还会不断随着经济社会形势发生变化，区域教育指标体系也需不断调整，一方面要求指标权重能够反映当前及一段时间内该指标的重要性程度，根据治理对象的历史条件和环境条件，引导政府及其他教育治理主体在工作中抓重点、抓关键，区分主次、轻重缓急，集中精力抓好主要工作。另一方面，当教育目标或理论发生重大变化时，也要对评价指标进行相应删减或增加，以努力反映现代教育教学理论和评价思想的发展趋势以及教育发展的方向和要求。除此之外，指标体系的建设还要结合地区实际需要，区域教育指标体系的建设坚持与广东经济社会高质量发展的要求相适应，同广东综合实力和地位相匹配，充分考虑粤港澳大湾区发展的趋势，注重体现前瞻性和引领性。

为此，项目组在上述筛选的指标基础上，进行如下四方面说明。第一，"开放"指标的命名方式改为"开放与协同"，这是由于开放多用于阐述对外开放程度与教育国际化水平，不适用于阐述与香港和澳门的交流与合作，《粤港澳大湾区发展规划纲要》指出要加强大湾区内部的协同性，构建区域协同创新共同体，因此对该指标做出如上命名。第二，信息化是教育发展水平的重要体现，是区域教育治理成果的重要标志，是教育现代化的主要任务之一，也是广东教育发展的特色名片，因此，"信息化"指标单列为一级指标。第三，"投入与保障"容易与其他指标产生重合，部分指标体系将办学条件、信息化水平等纳入保障的范畴，而另外一些体系将其进行单独划分或并入"质量"指标，教育信息化在当今背景下已经具有了新的内涵，为了避免类别重合，将"保障"去掉，只保留"投入"。

第二节　主要指标解读

一、质量

（一）质量指标解读

教育质量是对教育水平高低和效果优劣的评价。2010年中国政府颁布的《国家中长期教育改革和发展规划纲要（2010—2020年）》（简称《教育规划纲要》）提出"把提高质量作为教育改革发展的核心任务"。发展中国特色世界水平的优质教育，着力提高教育质量，推进各级教育高水平高质量普及是面向教育现代化的十大战略任务之一。教育质量是衡量区域教育治理水平的核心内容，提高质量是建设教育强国、办好人民满意教育的迫切需要。综合国内外文献，学者对教育质量的界定有狭义和广义之分，狭义的教育质量是指教育的结果或产出，而广义的教育质量把教育结果或产出和教育过程都包括在内。国内外有关质量的指标不断增多并逐渐细化，本指标体系遵从广义的界定方式，从教育过程与教育结果两方面考查教育质量，包含教师队伍、基本办学设施、教学质量、学生质量四项二级指标。

（1）教师队伍。

教师是立教之本、兴教之源，提升教师队伍整体素质是新时代推进教育事业发展的强大支撑。2018年1月，中共中央、国务院颁布了《关于全面深化新时代教师队伍建设改革的意见》，明确了教师作为教育发展的第一资源的重要地位。同年9月，习近平总书记在全国教育大会上发表重要讲话，指出教师是人类灵魂的工程师，是人类文明的传承者，承载着时代重任也做出了重大贡献。造就高素质专业化创新型教师队伍是提升教育质量、建设教育强国的坚实基础，因此教师队伍是衡量教育质量指标的重要内容。"教师队伍"指标将从专任教师学历、师德师风、生师比三方面进行评价。教师学历是教师业务水平的重要体现，师德师风是评价教师素质的第一标准，生师比是教师数量是否能够满足办学需要的体现。

（2）基本办学设施。

基本办学设施是衡量学习办学条件和核定年度招生规模的重要依据。教育部印发了《普通高等学校基本办学条件指标（试行）》，各省市印发了普通中小学基本办学条件标准规定。综合各类标准，基本办学设施主要包括生均校舍建筑面积、运动场面积、生均图书册数（幼儿园、中小学）；生均教学行政用房面积、生均教学科研仪器设备值、生均图书册数（高等学校）。

（3）教学质量。

教学质量是指教学活动实现人才培养目标的程度，强化课堂主阵地作用，切实提高教学质量是深化教育教学改革，提高教育质量的关键。从教学系统来看，构成教学质量的基本要素有输入、过程、输出三方面相互联系的内容。输入方面主要为教师在时间、精力等方面的投入，可以通过教育教学研究体现；过程方面主要包括教学过程的组织是否优化、教学活动中的一切是否指向于教学目标或教育目的，可以通过课程教学质量体现，为力求指标体系精炼，输出方面通过学生质量体现。

（4）学生质量。

学生质量是教育质量的根本体现。学生质量要体现以学生发展为核心、科学多元的价值导向，切实扭转单纯以学生学业考试成绩和学校升学率评价的倾向。本指标体系将从学生学业成就水平、综合素质两方面进行观测。学业成就水平是对学生在校期间学习情况的检测，以各学科课程标准为依据，考查学生学习的状况，重点考查学生的基础知识与基本技能。《中国教育现代化2035》对发展学生综合素质做出了要求，全面落实立德树人根本任务，开展理想信念教育，厚植爱国主义情怀，加强品德修养，树立健康第一的教育理念，全面强化学校体育工作，全面加强和改进学校美育，弘扬劳动精神，强化实践动手能力、合作能力、创新能力的培养。综合素质主要考查学生在思想品德、身心健康、艺术素养、劳动实践等方面的发展水平，学生综合素质评价是培育学生良好品行和发展个性特长的重要手段，通过记录学生在成长过程中德智体美劳全面发展情况、个性特长和突出表现，有助于转变过分注重考试成绩的评价标准，是建立正确教育质量观、人才培养观，发展素质教育的体现。

二、信息化

教育信息化是教育系统性变革的内生变量，没有信息化就没有现代化，教育信息化是教育现代化的基本内涵和显著特征，是我国"教育现代化2035"的重要任务。教育信息化具有突破时空限制、快速复制传播、呈现手段丰富的独特优势，必将成为促进教育公平、提高教育质量的有效手段，必将成为构建泛在学习环境、实现全民终身学习的有力支撑，带来教育科学决策和综合治理能力的大幅提高。以教育信息化支撑引领教育现代化，是新时代我国教育改革发展的战略选择，对于构建教育强国和人力资源强国具有重要意义。

随着物联网、信息技术的快速发展，信息化的内涵也日益丰富，不仅体现在为教育发展提供设备支撑和技术保障，还反映于师生信息素养的提升和融合应用能力的发展。信息化程度是区域教育治理水平的重要反映，是区域教育发展的关键要素和重要引领，以往研究中将信息化指标简单归类于质量类或保障类指标都难以涵盖其全部内涵。为了凸显其重要性，本指标体系将信息化指标单列为一级指标，通过信息化配置水平、数字教育资源、信息技术应用水平三个方面进行评价。

（1）信息化配置水平。

信息设备配置水平是教育信息化建设与应用的基础和外显形式。信息设备配置水平能够教育主管部门、学校了解教育信息化所处发展阶段，为教育信息化的发展目标制定和信息化资源分配提供决策支持。在基础设施部分观测校园网、教室和师生装备配置、为师生开展教学活动提供的特色环境创建、校园安保系统。网络空间通过学生空间、教师空间、家长空间、组织管理空间的建构情况进行评分。信息化应用系统通过基础支撑系统、教学服务系统、管理服务系统、研训服务系统、社会服务系统五个方面的建设情况进行评价。

（2）数字教育资源。

数字教育资源是信息技术设备服务于教育教学的手段，是保障技术设备能够有效应用的先决条件。建立优化数字教育资源服务机制是新时代各级政府开展教育信息化推进工作的重点内容，而数字资源的共建共享则是"智慧校园"建设的重要内容和关键环节。根据国家《构建利用信息化手段扩大优质教育资源覆盖面有效机制的实施方案》（教技［2014］6号）文件的精神，数字教育资源分为基础性资源、个性化资源和校本资源三大类。基础性资源是指与国家、地方教材配套的课程资源；个性化资源是指学校根据办学需要选择性购买的个性化教与学资源；校本资源是指学校、教师、学生、家长和社会专业人士在教育教学活动过程中生成的资源。

(3) 信息技术应用水平。

信息技术应用水平是信息化建设的新内涵，是师生信息素养的反映，是"智慧校园"建设与应用的核心，也是地区教育信息化应用成效的重要标志。《教育信息化十年发展规划（2011—2020）》中要求"采取多种方法和手段帮助教师有效应用信息技术，更新教学观念，改进教学方法，提高教学质量"。学生作为信息技术应用的主体，需要熟练掌握基本技能以及运用相关软件进行自我管理。教师作为课堂教学的组织者，是信息化教育的推进者，教师信息技术应用水平将影响信息化教学的效能和效果，因此需要从教学应用、教研应用、家校服务、社会责任这四个方面进行评价。学校的信息技术应用水平在教务应用、研训应用、校务应用、社会服务中得以体现。

三、开放与协同

开放是教育改革发展的先决条件，是实现教育现代化的重要手段之一，推进教育开放有助于提高我国教育的国际影响力，教育开放程度是区域教育治理水平和综合实力的反映。近年来，我国教育"引进来"与"走出去"的步伐不断加快，开放的维度不断延伸，教育对外开放服务于大国外交、周边外交和"一带一路"倡议等国家重大战略，成效显著。教育开放表现为教育在国际间进行的人员、知识、文化、信息、物质、技术交流，教育开放具有双向性，既有引进也有输出，增进合作共赢。教育协同，就是指协调两个或者两个以上的不同资源或者个体，协同一致地完成某一目标的过程或能力，在此指标体系中教育协同主要应用于阐述粤港澳大湾区之内教育的交流与合作。"开放与协同"指标将通过人才吸引、人才输出和合作共享三个方面进行评价。

(1) 人才吸引。

教育发展离不开人才，人才吸引能力是地方综合实力与教育实力的重要体现，通过吸引外部人才，特别是高端专业人才，有助于提高教育的国际影响力和教育软实力。人才吸引可通过外籍教师和港澳台教师比例、留学生和港澳台学生比例、年度引进海外教师比例三个方面进行评价。

(2) 人才输出。

通过积极拓展海外学习计划，选派学生出外短期交流或留学，有助于提高师生国际交往能力，促进区域间和校际间的学术交流。人才输出可通过年度出外留学生比例、年度学生境外研学或研习人次、出外访学交流教师比例进行测评。

(3) 合作共享。

伴随着教育开放的逐步推进以及国家政策的积极鼓励，提高国际参与度、增进国际合作、共享资源已形成广泛共识。合作共享是提升我国教育国际化程度的现实需要，有助于加强教育的国际竞争力和影响力。合作共享可通过合作交流数、与国（境）外定结姊妹学校数、国际参与度进行测评。

四、创新与创业

创新创业是经济社会活力的重要体现。创新是引领发展的第一动力，是建设现代化经济体系的战略支撑。近年来，大众创业万众创新持续向更大范围、更高层次和更深程度推进，创新创业与经济社会发展深度融合，对推动新旧动能转换和经济结构升级、扩大就业和改善民生、实现机会公平和社会纵向流动发挥了重要作用，为促进经济增长提供了有力支撑。开展创新创业教育，加强学生创新创业能力培养，有助于全面提高人才培养质量，为建设创新型国家提供源源不断的人才智力支撑。《中国教育现代化2035》明确提出创新人才培养方式，培养学生创新精神与实践能力，努力提升高校创新服务水平。《粤港澳大湾区发展规划纲要》提出要构建开放型融合发展的区域协同创新共同体，建设国际科技创新中心的宏伟目标，这对湾区创新创业教育改革以及人才创新创业的能力提出更高要求。因此，应把创新与创业纳入本指标体系，并通过创新创业成果、创业支持与服务进行评价。

（1）创新创业成果。

创新创业成果是衡量区域教育水平，特别是高等院校科研创新能力和实践应用能力的重要指标，是地方经济社会发展水平和竞争力的标志。创新创业成果既体现于创新创业实践基地的建设，也表现于科学研究的水平，此指标体系通过创新创业竞赛获奖数、专利发明数作为评价标准。

（2）创新创业支持与服务。

创新创业支持与服务是指政府和高校通过完善政策、提供培训、建设基地、加强扶持等方式为学生的创新创业项目提供支持和服务，反映了地区政府和高校对创新创业的重视程度，也是保障项目能够有效适应区域经济社会发展需求的重要条件。本指标体系选择创新创业立项项目、创新创业实践基地数、产学研成果转换水平作为衡量指标。

五、公平

教育公平是社会公平价值在教育领域的延伸和体现。改革开放以来，我国教育事业取得了长足发展，很大程度上提高了各年龄群体的受教育机会，但是实现真正意义上的教育公平仍是我国教育发展不懈努力的方向，同时也是我国教育发展面临的挑战之一。2010年《国家中长期教育改革和发展规划纲要（2010—2020年）》提出"把促进公平作为国家基本教育政策"，《中国教育现代化2035》更是将公平作为教育现代化的重要目标，教育公平已经成为我国教育制度和教育政策的基本价值选择。对于教育公平的内涵，国内外学者较公认的观点是由科尔曼和胡森提出的起点平等、过程平等和结果平等，教育公平可从这三个方面进行评价。

（1）入学机会公平。

教育起点公平主要是指教育的权利平等和机会均等，即在一个主权国家内，公民不分地域、性别、职业、财产状况等，都依法享有进入学校接受教育的平等权利，并都有在同一制度和规则的保障下通过公平竞争获得接受教育的机会。随着我国教育的发展，不同性别学生在入学机会上基本已享有平等的权利，本指标体系主要考虑城乡间入学机会的差异情况，通过城乡教育入学率进行测评。

（2）过程公平。

教育过程公平主要指公共教育资源的分享公平，即每一个通过公平筛选与选拔规则而获取教育机会的公民在教育活动中都能够平等地分享公共教育资源，平等地享受一定质量的教育服务。过程公平主要通过城乡、公民办学校的生师比差异、教师学历差异进行评估，体现了人力资源配置差异程度。

（3）结果公平。

教育结果公平主要指教育的成就公平，即学生完成学业、获取学业成果的机会均等。即充分考虑每个学生不同的天赋智力、兴趣爱好、努力程度等个性潜能发展的需要来分配公共教育资源，从而保证每个学生应得的教育资源，促进学生获得公平、有差异的教育结果。通过在校生巩固率的城乡、公民办学校差异来衡量教育结果的公平性。

六、普惠

普惠的核心要义是向社会成员提供均等的机会和同质的服务，普惠理念的提出是对公平在实践层面的延展与弥补。一方面要避免弱势群体和落后地区边缘化，它要求政府在践行教育公平性原则时优先对弱势群体进行补助，优先保障弱势家庭儿童的入学机会，使适龄儿童都享有均等的入学机会。另一方面，要大力发展终身教育，使教育的惠及群体向上延展。终身教育指教育系统和社会机构为社会成员（主要是成年人和老年人）提供终身参与有组织的学习机会。普惠指标通过教育服务均等化和终身教育两方面进行评价。

（1）教育服务均等化。

普惠的目的是使广大人民群众享有平等受教育的机会，特别是为弱势群体提供受教育手段，使其改变原有的社会地位，促进社会公平，具有弱势补偿性。可通过公益普惠性幼儿园占比，随迁子女、残疾儿童、困难家庭子女接受教育情况进行监测。

（2）终身教育。

发展终身教育，构建服务全民的终身学习体系是加快推进教育现代化的新要求。2019年中共中央、国务院印发了《中国教育现代化2035》《加快推进教育现代化实施方案（2018—2022年）》，这两个文件都明确了要加快构建终身学习制度体系，建立健全国家学分银行制度和学习成果认证制度，大力发展继续教育与社会培训服务，加快发展社区教育、老年教育，深入推动学习型组织建设和学习型城市建设。本指标体系提炼出终身教育网络资源数、老年大学学位数、学习型社区建设情况三个方面内容来评测终身教育情况。

七、规模

规模是教育治理的传统评价指标，反映教育发展覆盖的人口及其人力资源开发状态。在"二孩"生育政策放开、人口不断增加以及城镇化进程加快的背景下，扩大教育规模、增加学位供给依旧是重要的教育发展任务。《国家中长期教育改革和发展规划纲要（2010—2020年)》多次提到"规模"，对学前教育、义务教育、高中教育、职业教育、高等教育的规模发展都做了相应要求。《教育2030行动框架》强调"要继续扩大教育规模"。因此，本指标体系将规模作为一级指标，并通过教育绝对规模和教育相对规模进行测算，教育绝对规模采用在校生数进行衡量，教育相对规模通过每千人拥有学位数进行衡量。

（1）教育绝对规模。

教育绝对规模表征教育在总体数量上的发展状况，是指一个国家或地区高等教育的总体容量。为了进一步提升国民人力资本水平，满足经济社会发展的需要和居民接受教育的需求，我国教育绝对规模保持稳定适度增长具有十分重要的意义。教育绝对规模在政策制定方面有一定的参考价值，其评价指标是在校学生人数。

（2）教育相对规模。

教育相对规模教育是指一个国家或地区在一定的人口总量条件下承载的教育规模，其评价指标一般是利用人口指标来衡量教育规模相对于人口的水平。可以在一定程度上反映全国及各地的教育发展水平及各级教育受教育人口比重的高低，会受到当地人口结构、经济发展水平、教育政策及学校布局等的影响。本指标体系选择通过每千人拥有的学位数来评价教育相对规模，该指标反映了学位供给情况，体现了教育供给侧结构性改革的进展，有助于解决学位不足和优质教育资源配置不均衡问题。

八、投入

教育投入是支撑国家长远发展的基础性、战略性投资，是教育事业的物质基础，是公共财政的重要职能。教育经费的及时足额筹集、合理分配与有效使用也是衡量区域政府对教育重视程度的重要指标。从教育经费的来源来看，以往靠政府为主出资办教育已无法满足社会经济发展对教育和人才的需要。于是，政府、企业、社区、家庭共办教育的多元化模式便应运而生。根据《教育法》《民办教育促进法》《公益事业捐赠法》等法律和《国家中长期教育改革和发展规划纲要（2010—2020）》，我国建立了以政府投入为主、多渠道筹集经费的教育投入体制。本指标体系可从地方政府教育投入、其他教育投入两个方面进行测评。

（1）地方政府教育投入。

从总量上来看，我国已经实现全国财政性教育经费占国内生产总值4%的目标，政府的教育投入是实现和继续推进这一目标的决定性因素。按照教育法律法规规定，各级政府年初预算和预算执行中的超收收入分配都要体现法定增长要求，保证教育财政拨款增长明显高于财政经常性收入增长，并按在校学生人数平均的教育费用逐步增长，保证教师工资和学生人均公用经费逐步增长。衡量地方政府教育投入使用公共财政预算教育经费占公共财政支出比例、生均公共财政预算教育事业费、生均公共财政预算公用经费作为区域比较的依据。

（2）其他教育投入。

其他教育投入主要包括社会教育投入和家庭教育投入。社会教育投入是教育投入的重要组成部分，我国政府通过完善财政、税收、金融和土地等优惠政策，鼓励和引导社会力量捐资、出资办学，充分调动全社会办教育积极性，扩大社会资源进入教育途径，多渠道增加教育投入。此外，随着我国社会经济的不断发展，民众对教育需求的增长和市场力量的发展，家庭教育投入反映了家庭对教育的重视程度，是教育改革发展的重要支撑性因素。其他教育投入指标通过社会捐赠经费及民办学校中举办者投入占教育总经费的比例，以及家庭年度教育支出两个方面进行测评。

九、治理

治理指标在这里主要用于衡量政府和学校的教育治理能力。《中国教育现代化2035》要求推进教育治理体系和治理能力现代化，提出了三个方面的具体任务，第一，提高教育法治化水平，构建完备的教育法律法规体系，健全学校办学法律支持体系。健全教育法律实施和监管机制。第二，提升政府管理服务水平，健全教育督导体制机制，提高教育督导的权威性和实效性。第三，提高办学管理水平，增强学校自主管理能力，完善学校治理结构，继续加强高等学校章程建设。这也是评价区域教育治理能力的主要标准，基于此，"治理"指标通过法治化建设、管理服务水平、办学水平三个方面进行评价。

（1）法治化建设。

《国家中长期教育改革和发展规划纲要（2010—2020年）》强调推进依法治教，要求进一步完善教育法律法规，全面推进依法行政，大力推进依法治校，完善督导制度和监督问责机制。《中国教育现代化2035》要求提高教育法治化水平，构建完备的教育法律法规体系，健全学校办学法律支持体系。法治是指以民主为前提和基础，以严格依法办事为核心，以制约权力为关键的社会管理机制、社会活动方式和社会秩序状态。法治化建设是教育治理的重要手段，也是教育治理能力的体现。

（2）管理服务水平。

管理服务水平是推进教育现代化的重要保障，各级党委要把教育改革发展纳入议事日程，建立健全党委统一领导、党政齐抓共管、部门各负其责的教育领导体制。提高政府统筹规划能力，完善落实机制，建立协同规划机制、健全跨部门统筹协调机制，建立教育发展监测评价机制和督导问责机制，全方位协同推进教育现代化。

（3）办学水平。

办学水平是教育治理能力落实于学校层面的具体体现，提高办学水平是推进教育改革、提升教育质量、办好人民满意教育的主要抓手。办学水平既离不开有力的组织领导，也需要学校章程制度建设。

第三节 指标采集与测量

A1 质量指标观测
B1 教师队伍
C1 专任教师学历

定义：教师学历是教师专业化水平的重要体现。该项指标是指专任教师所获得的学历层次情况，例如本科、硕士研究生、博士研究生等，此外，还包含教师学历的质量状况，即教师毕业院校的等级，分为部属院校、省属院校、市属院校、其他。

适用范围：校级、县（区/镇）级、市级、省级。

数据采集：幼儿园、义务教育、高中、高校教师学历等级与最高学历毕业院校。

测算分析：①专任教师学历达标率，即各级教育的专任教师达到学历要求的人数所占的比例，这是教师队伍素质的基本体现。根据《教师法》第十一条规定，取得幼儿园教师资格，应当具备幼儿师范学校毕业及以上学历；取得小学教师资格，应当具备中等师范学校毕业及以上学历；取得初级中学教师、初级职业学校文化、专业课教师资格，应当具备高等师范专科学校或者其他大学专科毕业及以上学历；取得高级中学教师资格，应当具备高等师范院校本科或者其他大学本科毕业及以上学历；取得高等学校教师资格，应当具备研究生或者大学本科毕业学历。观测方法为专任教师学历达标率＝学历达标教师人数（取得相应学段教师资格证人数）/专任教师总数。②专任教师高学历比例。为了提高教师队伍整体素质，应不断提高教师学历水平，在满足基本学历要求的基础之上，观测幼儿园、小学专任教师达到大学本科及以上学历的专任人数比例，观测初级中学、高级中学专任教师取得硕士研究生及以上学历的人数比例，观测高等学校专任教师取得博士研究生及以上学历的人数比例。

C2 师德师风考评

定义：师德师风建设是做好教师工作的根本遵循、是评价教师队伍素质的第一标准，在各项有关教师队伍建设的文件中，加强师德师风建设都摆在首要位置。师德师风建设是每一所学校应常抓不懈的工作，既要有严格制度规定，也要有日常教育督导。2018年教育部印发《新时代高校教师职业行为十项准则》《新时代中小学教师职业行为十项准则》《新时代幼儿园教师职业行为十项准则》，分别从坚定政治方向、自觉爱国守法、传播优秀文化、潜心教书育人、关心爱护学生、坚持言行雅正、遵守学术规范、秉持公平诚信、坚守廉洁自律、积极奉献社会十方面对高校教师的师德师风做出了要求；从坚定政治方向、自觉爱国守法、传播优秀文化、潜心教书育人、关心爱护学生、加强安全防范、坚持言行雅正、秉持公平诚信、坚守廉洁自律、规范从教行为十方面对中小学教师的师德师风提出了要求；从坚定政治方向、自觉爱国守法、传播优秀文化、潜心培幼育人、加强安全防范、关心爱护幼儿、遵循幼教规律、秉持公平诚信、坚守廉洁自律、规范保教行为十方面对幼儿园教师的行为进行规范。

适用范围：校级、县（区/镇）级、市级、省级。

数据采集：本指标采用李克特量表进行测量，通过教师自评、学生测评的形式考察教师在以上十方面的具体表现，在每项指标后设置 1～5 项分值，分别代表"非常不符合""较不符合""一般""较符合""非常符合"五项内容，分值越大，代表教师在该项指标的表现越好。将各项指标的分值计算算数平均数以反映教师师德师风水平，综合教师自评与学生测评的分值代表该区域教师的师德师风的总体状况。

C3 生师比

定义：指某学年内某级教育中每位专任教师平均所教的学生数，生师比影响教育教学过程，反映教师数量是否能够与学生需要相匹配以及教育资源配置的合理性，是重要的质量过程指标。

适用范围：校级、县（区/镇）级、市级、省级。

数据采集：专任教师人数、在校生总人数。

测算分析：分幼儿园、小学、初中、普通高中、高等学校师生比由在校生总数/专任教师总数所得。一般来说，生师比值越低代表教师资源越充足，越能给学生提供较高质量的指导。

B2 基本办学设施

C4 生均校舍建筑面积、运动场面积、生均图书册数（幼儿园、中小学）/生均教学行政用房面积、生均教学科研仪器设备值、生均图书册数（高等学校）

定义：幼儿园、中小学基本办学设施通过生均校舍建筑面积、生均运动场面积、生均图书册数体现。高等学校通过生均教学行政用房面积、生均教学科研仪器设备值、生均图书册数体现。

适用范围：校级、县（区/镇）级、市级、省级。

数据采集：幼儿园、中小学采集校舍建筑面积、运动场面积、生均图书册数，在校生总数；高等学校采集教学行政用房面积、教学科研仪器设备价值、生均图书册数，在校生总数。

测算分析：测算以上基本办学条件达到省级规定标准的学校占学校总数的比例。

省级标准如下，生均校舍面积＝校舍建筑面积/学生总数，运动场面积＝田径场面积＋篮球场面积＋排球场面积＋器械体操/游戏区面积，生均图书册数＝图书总数/在校生数，生均教学科研仪器设备值＝教学科研仪器设备资产总值/在校生数。测量过程中以上指标高于规定数值，则代表基本办学条件达到规定要求。

幼儿园办学条件通过生均校舍建筑面积、活动室面积、生均图书册数测量。依据广东教育厅《关于规范化城市幼儿园的办园标准》，幼儿园生均建筑面积（不含教职工宿舍）：规模 6 个班及以下的不小于 $7m^2$，7 个班及以上的不小于 $6.5m^2$。寄宿制幼儿园按寄宿幼儿人数计算，每生再增加 $1m^2$；每个班级活动室使用面积不小于 54m²，如活动室与寝室共用，活动室使用面积不小于 70m²；生均图书（指幼儿课外用书）数量不少于 8 册。

《广东省义务教育标准化学校标准》规定小学生均校舍建筑面积（不含宿舍）不低于 7m²，初中（不含宿舍）不低于 9m²。小学生均建筑面积不低于 5 m²，初中不低于 5.5 m²；各级各类义务教育学校运动场面积分别见表 3-1、3-2、3-3；图书室（馆）生均藏书量小学 20 册以上，初中 25 册以上，并有一定数量的教参资料、工具书和报刊。《广东省普通高中办学基本标准》规定生均校舍建筑面积（不含教职工住房）不少于 6.5 平方米，寄宿制的学校不少于 10 平方米；学校要有足够的运动设施，要有不少于 300 米环形跑道田径场，要有 400 平方米以上的体育活动室（或体育馆）；生均图书不少于 30 册，报刊、杂志不少于 50 种。

表 3-1　小学运动场地基本指标

运动场地类别	小学		
	≤18 班	24 班	30 班以上
田径场（块）	200 米（环形 4 道）1 块，$S≈4224m^2$	300 米（环形 6 道）1 块，$S≈10512m^2$	300～400 米（环形）1 块，$S≈15000m^2$
篮球场（块）	2，$S≈1020m^2$	2，$S≈1020m^2$	3，$S≈1530m^2$
排球场（块）	1，$S≈510m^2$	2，$S≈1020m^2$	2，$S≈1020m^2$
器械体操+游戏区	200m²	300m²	300m²

表 3-2　九年制学校运动场地基本指标

运动场地类别	九年制学校		
	≤18 班	27 班	36 班以上
田径场（块）	200 米（环形 4 道）1 块，$S≈4224m^2$	300 米（环形 6 道）1 块，$S≈10512m^2$	300～400 米（环形）1 块，$S≈15000m^2$
篮球场（块）	2，$S≈1020m^2$	3，$S≈1530m^2$	3，$S≈1530m^2$
排球场（块）	1，$S≈510m^2$	2，$S≈1020m^2$	3，$S≈1530m^2$
器械体操+游戏区	200m²	300m²	350m²

表 3-3　初级中学运动场地基本指标

运动场地类别	初中		
	≤18 班	24 班	30 班以上
田径场（块）	300 米（环形 6 道）1 块，$S≈10512m^2$	300 米（环形 6 道）1 块，$S≈10512m^2$	300～400 米（环形）1 块，$S≈15000m^2$
篮球场（块）	2，$S≈1020m^2$	2，$S≈1020m^2$	3，$S≈1530m^2$
排球场（块）	1，$S≈510m^2$	2，$S≈1020m^2$	2，$S≈1020m^2$
器械体操区	100m²	150m²	200m²

《广东省普通高中督导评估指标体系》规定普通高中生均校舍建筑面积 $14m^2$ 以上（有寄宿学生，按住校生，每生增加 $4m^2$ 计算）。运动场标准：要求有标准 400m 环形跑道运动场，有体育馆（或室内体育场地）和游泳池，标准篮球场 4 个，排球、羽毛球场等球类场地共 4 个，乒乓球台 15 张以上。生均藏书 45 册（Ⅱ类地区 40 册，Ⅲ类地区 35 册）以上、年递增 1 册（Ⅱ类地区 0.8 册，Ⅲ类地区 0.7 册）以上，学校报刊总数不少于 150 种（不含班、个人订阅，下同），教参、工具书 300 种以上。

高等学校采集生均教学行政用房面积、生均教学科研仪器设备值、生均图书册数，测算以上基本办学条件达到国家规定标准的学校占学校总数的比例。生均教学行政用房 =（教学及辅助用房面积 + 行政办公用房面积）/全日制在校生数，生均教学科研仪器设备值 = 教学科研仪器设备资产总值/折合在校生数，生均图书册数 = 图书总数/折合在校生数，全日制在校生数 = 普通本、专（高职）生数 + 研究生数 + 留学生数 + 预科生数 + 成人脱产班学生数 + 进修生数，折合在校生数 = 普通本、专（高职）生数 + 硕士生数 × 1.5 + 博士生数 × 2 + 留学生数 × 3 + 预科生数 + 进修生数 + 成人脱产班学生数 + 夜大（业余）学生数 × 0.3 + 函授生数 × 0.1。测量过程中以上指标高于规定数值，则代表基本办学条件达到规定要求。教育部印发《普通高等学校基本办学条件指标》，文件对高等学校生均教学行政用房面积、生均教学科研仪器设备值、生均图书册数进行了规定（表 3-4）。

表 3-4 高校基本办学条件合格标准

	本科			高职（专科）		
	生均教学行政用房（平方米/生）	生均教学科研仪器设备值（元/生）	生均图书（册/生）	生均教学行政用房（平方米/生）	生均教学科研仪器设备值（元/生）	生均图书（册/生）
综合、师范、民族院校	14	5000	100	14	4000	80
工科、农、林院校	16	5000	80	16	4000	60
医学院校	16	5000	80	16	4000	60
语文、财经、政法院校	9	3000	100	9	3000	80
体育院校	22	4000	70	22	3000	50
艺术院校	18	4000	80	18	3000	60

B3 教学质量
C5 教育教学研究

定义：教研活动是以促进学生全面发展和教师专业进步为目的，以学校课程实施过程和教育教学过程中教师所面对的各种具体的教育教学问题为研究对象，以教师为研究主体，以专业研究人员为合作伙伴的以校为本的实践性研究活动。主要目的是切实提高全体教师的专业素质，增强教师的实践能力。开展教育教学研究是提升教学质量的重要手段和保障，教育教学研究对提高教育质量具有强大的支撑作用。

适用范围：校级、县（区/镇）级、市级、省级。

数据采集：年度采集各学校教师教学研究课题立项数、教师教育教学研究论文发表数、教师教育教学出版专著数、教学成果奖数。

测算分析：评分标准见表3-5。

表3-5　教育教学研究指标分解描述

指标内容	指标描述
教学研究课题立项数（6分）	国家级项目；省部级重大项目；特大横向项目（包括国际同等级别项目）（3分）
	省部级其他项目；市级招标项目；重大横向项目（包括国际同等级别项目）（2分）
	市级其他项目；厅（局）级项目；重点横向项目（包括国际同等级别项目）（1分）
教育教学研究论文发表数（10分）	权威核心刊物论文，指被国际通用的SCIE、EI、ISTP、SSCI以及A&HCI检索系统所收录的论文（以中国科技信息研究所检索为准），或同一学科在国内具有权威影响的中文核心刊物上发表的论文，论文不含报道性综述、摘要、消息（4分）
	重要核心刊物论文，指在国外核心期刊上刊登的论文或在国内同一学科的中文核心期刊中具有重要影响的刊物上发表的论文（3分）
	一般核心刊物论文，指《全国中文核心期刊要目总览》刊物上发表的论文（2分）
	一般公开刊物论文，指在国内公开发行的刊物上（有期刊号"CN""SSN"，有邮发代号）发表的论文（1分）
教育教学研究出版专著数（6分）	国际重要机构资助出版的学术著作；入选国家哲学社会科学成果文库的成果；国家出版基金资助出版的学术著作；教育部统编高校教材；入选教育部人文社会科学文库的成果（3分）
	省出版基金资助出版的学术著作；入选省级文库的优秀成果；国内外出版社公开出版的学术专著、学术译著（2分）
	国内外出版社公开出版的编著、高校教材、工具书、科普著作、个人论文集（1分）
教学成果获奖数（6分）	高等学校科学研究优秀成果奖（人文社会科学）；全国教育科学优秀成果一等奖、二等奖；国家其他部委和省级社科优秀成果一等奖（包括国际同等级别奖项）（3分）
	全国教育科学优秀成果三等奖；国家其他部委和省级社科优秀成果二等奖、三等奖；全国性的各类知名基金奖；获得"国家图书奖"或国家"五个一工程奖"的成果；国家哲学社会科学基金项目成果鉴定为"优秀"的著作（包括国际同等级别奖项）（2分）
	市及厅局级哲学社会科学优秀成果奖；省哲学社会科学基金项目成果鉴定为"优秀"的著作（包括国际同等级别奖项）（1分）

C6 课堂教学质量

定义：课堂是教育的主阵地、主渠道，课堂教学质量是提高教育质量的主要抓手，是培养学生具备符合时代需要知识与能力的重要手段。探索基于学科的课程综合化教学，优化教学方式，坚持教学相长，注重启发式、互动式、探究式教学，在传授知识的同时还能够注重认知开放、价值塑造和思维培养，这是高质量课堂教学的突出体现。

适用范围：校级、县（区/镇）级、市级、省级。

数据采集：采集课堂教学的过程性数据，借助校园智能录播系统对课堂教学进行录制，进而借助机器学习的手段对课堂录像进行实时编码，编码体系获得了知识产权，具有坚实的理论基础且集合了国际前沿研究成果，从知识建构（信息、事实、概念、方法、原理等）、认知开发（分析、比较、归纳、推理、迁移等）、价值提升（情感、态度、原则、信念等）、思维进阶（条理性、全局性、批判性、逻辑性、创造性等）四方面对课堂教学进行评价与分析。

测算分析：首先，依据课堂教学评测编码体系，利用人工编码与机器学习相结合的方法对视频、文字中的关键信息进行抽取，人工编码可对较难识别的编码类型，特别是涉及互动质量的编码进行校验；机器学习是一个从无序数据中提取有用信息的过程，通过归纳、聚类分析等方法进行建模与推理，实现数据挖掘。其次，对结构化的数据进行统计分析以展现课堂教学的特征，包括基本统计分析方法，差异性检验（频次、比率、均值、标准差等），差异性检验（独立样本 t 检验、方差分析等）、相关分析、多重多元回归分析。最后，采用社交网络分析、互动行为迁移分析、基于关联规则的途径分析、基于序列模式的途径探究等技术探究课堂教学的过程性规律。

B4 学生质量

C7 学生学业成就水平

定义：学生学业成就水平是指对学生的课程学业所取得的发展进步进行考核评价，以此判断学生课业所达到的发展程度。在学业考评过程中，考试是最基本也是最常用的一种测量与评价手段。学生学业成就水平是教育质量的直接反映，也是提升教育教学质量的主要目标。

适用范围：校级、县（区/镇）级、市级、省级。

数据采集：中小学生采集学生在数学、英语、语文、科学科目（初中用物理替代科学科目、高中理科生使用物理替代科学科目、高中文科生使用地理代替科学科目）成绩；高校采集学生专业必修课成绩。

测算分析：获取学生在相应科目的原始成绩，进而计算标准分数，可以衡量学生成绩在团体中相对位置的高低水平。

C8 学生综合素质

定义：提升学生综合素质是教育教学改革的重要目标，有利于学生全面发展，是建设教育强国、推进教育现代化的重要内涵。综合素质主要考查学生在思想品德、身心健康、艺术素养、劳动实践方面的表现。思想品德反映学生在践行社会主义核心价值观、弘扬中华优秀传统文化等方面的情况，包括爱党爱国、理想信念、诚实守信、仁爱友善、责任义务、遵纪守法等。联合国教科文组织大力倡导和推动健康教育，我国政府重视青少年健康成长，学生健康主要包括身体健康（体质健康）、心理健康两方面。

身体健康是青少年成长发展的基石，要切实加强学校体育工作，促进学生积极参加体育锻炼，养成良好的锻炼习惯，保证青少年摄取足够的营养。

心理健康是指个体能够适应和发展着的环境，具有完善的个性特征，且其认知、情绪反应、意志行为处于积极状态，并能保持正常的调控能力，心理健康是青少年健康成长必不可少的条件。

艺术素养体现了切实落实党中央国务院对学校美育的新要求，努力推进以美育人、以美化人、以美培元、面向人人的学校美育教育理念。要求学生具备适应学龄阶段的审美学习能力，能够发现和分享生活乐趣，通过各种艺术活动的浸润、感染、熏陶，让同学们在感受美、表现美、鉴赏美、创造美的过程中全面发展，提高审美和人文素养。

劳动实践是指要切实加强中小学生的劳动教育，要在学校日常运行中渗透劳动教育，鼓励在学校和家里开展力所能及的劳动实践，以此提高广大中小学生的劳动素养，锻炼孩子吃苦耐劳、克服困难的坚强意志。有助于培养孩子良好的社会适应力，促进身心健康，促进学生形成良好的劳动习惯和积极的劳动态度等。

适用范围：校级、县（区/镇）级、市级、省级。

数据采集与评分：本指标实行两种数据采集方式。

对身心健康的监测采用软硬件结合的方法采集伴生性数据，经过数据清洗和数据挖掘等步骤量化学生的健康数据，统一存储至平台，形成各项指标的横向和纵向分析，并通过先进的健康物联技术达到量化自我、健康管理的目的。身心健康指标主要用来评估学生的健康生活方式、体育锻炼习惯、身体机能、运动技能和心理素质。

身体健康将通过基础健康指数、运动健康、环境健康进行观测，基础健康指数包括身高体重、血压脉搏、血氧 BMI、心电图、视力、人体成分；运动健康包括坐位体前屈、握力、运动量、跳绳、肺活量、仰卧起坐、立定跳远、引体向上、台阶测试。

心理健康通过精神压力分析、睡眠质量监测进行评估，由于心血管系统具有自我调节体系，心脏除了受交感神经和副交感神经支配外还具有自律性，外界刺激会影响心率的变化，但不会影响心率的稳定性。心率变异性是指逐次心搏间期的微小差异，它产生于自主神经系统对心脏窦房结的调剂，这种微小差异变化能够反映自主神经系统活性及其平衡协调的关系，从而客观地反映大脑所承受的压力。睡眠是人们生活中不可缺少的重要生理现象，人一生中有接近三分之一的时间用于睡眠，以此保证机体各种生理功能的正常与稳定。但随着社会经济的发展、生活方式的改变，人们的工作压力逐渐加大，同时熬夜、不规律的就寝时间等不良的睡眠习惯，对睡眠质量造成干扰，致使失眠的发病率逐渐升高，因此对睡眠质量进行监测是反映心理健康水平的一个重要体现。

对于思想品德、艺术素养和劳动实践，采用建立或导入电子档案袋的方式采集数据。电子档案袋是一种表现性测验评价法，是以行动、作品、展示、制作档案资料等更真实的表现来展示学生学习成果与过程的方法，适用于展示学生综合素质提升的过程。电子档案袋以学校为记录主体，采用客观数据导入、学校统一录入，学生提交实证材料相结合的方式，客观记录学生的综合素质发展水平。教师指导学生定时（一般为每月一次）在平台上客观记录集中反映综合素质主要内容的具体活动，收集相关事实材料并及时更新电子档案袋内容。

思想品德方面重点记录学生遵守日常行为规范，参加志愿服务（公益劳动）、党团活动等情况。艺术素养反映学生对艺术的审美感受、理解、鉴赏和表现的能力，重点是音乐、舞蹈、戏剧、戏曲、影视、美术、书法、播音和主持等方面的兴趣特长，参加艺术活动（包括参观艺术场馆、参加艺术学习、欣赏或参与艺术表演等）的经历与成果等。劳动实践主要考查学生在社会生活中动手操作、体验探究和调查研究，形成的劳动意识和劳动技能等情况，重点是生活技能、劳动实践、职业体验、参观学习、研学旅行和调查研究等实践活动的经历、培养的能力和形成的成果等。广东省部分地市，特别是发达地区，已经建立了学生综合素质评价信息管理系统并进行了记录。对于这些地区的学生，其综合素质评价信息经相关部门认定后可直接对接导入本项目的电子档案管理系统。

A2 信息化指标观测

B5 信息设备配备水平

定义：信息设备配置水平是教育信息化建设与应用的基础和外显形式，主要包括基础设施、网络空间、信息化应用系统。

适用范围：校级、县（区/镇）级、市级、省级。

数据采集与评分：依据以下评分表（表3－6），采集数据和评估情况。

本指标体系根据《教育信息化2.0行动计划》《广东省中小学教室建设指南》《广东省教育厅关于新形势下进一步做好普通中小学装备工作的实施意见》《深圳市中小学"智慧校园"建设与应用标准指引》等文件，编制以下观测与评分标准。在基础设施部分观测校园网、教室和师生装备配置、为师生开展教学活动提供的特色环境创建、校园安保系统。网络空间通过学生空间、教师空间、家长空间、组织管理空间的建构情况进行评分。信息化应用系统通过基础支撑系统、教学服务系统、管理服务系统、研训服务系统、社会服务系统五方面的建设情况进行评分。

表 3-6 信息设备配置水平指标分解描述

类别	指标内容	指标描述
C9 基础设施（8 分）	校园网（2 分）	校园网能满足"智慧校园"管理与教学需求，有光纤接入市教育专网和互联网，有独立或共享的计算能力和存储空间；网络服务覆盖校园公共场所，支持移动学习、移动办公等应用
		校园网安全系统，达到信息安全等级保护第一级或以上要求，应具备防火墙、防病毒、入侵检测、上网行为审计等功能，网络安全畅通
	教室与师生装备配置（2 分）	为所有教室和教学功能室提供 1000Mbps 以上网络接口或无线网络覆盖，配置交互式多媒体电教平台
		网络多媒体教室占总课室比例不低于 90%，教室 100% 配备教学用终端，每 100 名学生拥有学习用终端不低于 20 台
	特色环境建设（1 分）	配有与课程内容配套的特色功能实验室或有利于学生自主学习、个性发展的特色环境（如探究实验、智能机器人、视听体验、动感操控、动漫创作、网络化学习生活、3D 打印、自动录播教室、创客中心、大数据、云计算、下一代互联网、物联网等）
	校园安保系统（3 分）	提供对校园安全信息的收集、汇总、分析，并对安全隐患发现、检查、处理全过程跟踪，并支持与统一认证系统进行集成
		提供对学校场所全方位、立体化管理和监控的功能
		具有校车安全管理、消防报警、紧急广播与疏散、视频监控、食品安全跟踪等子系统
C10 网络空间（4 分）	学生空间（1 分）	为每位学生建立实名制网络空间，提供课程资源、作业、小组学习、成绩查询、测评、问题求助、互动交流、作品展示等功能
	教师空间（1 分）	建立实名制教师与教研员网络教学空间，提供备课、布置作业、答疑、成绩管理与分析、教研活动、培训学习、教学规划、教学评价、相互交流等功能
	家长空间（1 分）	建立实名制家长空间，提供学生平安信息、学业表现、考试成绩、出勤情况、生活情况、健康报告、教育咨询等功能
	机构管理空间（1 分）	建立班级等机构空间，提供公告、课表、活动组织与管理、论坛、作品展示、师生沟通交流、学生管理等功能

续上表

类别		指标内容	指标描述
C11 信息化应用系统(17分)	基础支撑系统(2分)	统一门户和认证系统(1分)	支持校园信息系统的统一用户管理与认证，提供单点登录服务；能将各种应用系统进行无缝集成
		数据交换与共享(1分)	校内各网络空间、应用系统要实现互联互通，并与市区平台实现数据共享及服务互联互通
	教学服务系统(4分)	备课及管理(2分)	为教师提供专题性素材、知识点学习（探究）工具、学科编辑工具等多种形式的备课支撑环境，能将资源库、题库有机集成，支持并与多媒体互动教学系统融合
			具有备课结果的上传、浏览、查看、下载、统计、评价等功能，且能有机集成到教师网络空间中
		互动教学环境(1分)	提供师生开展课堂教学、课外学习等多种教学互动活动的支撑环境
		网络考试与学习评价(1分)	提供采编组卷、考试编排、网络考试阅卷、成绩分析评价等功能
	管理服务系统(7分)	学校基础信息管理(1分)	提供对学校、学部（小学部、初中部等）、部门（行政、教学、后勤）、年级、班级等组织机构信息进行分类管理，提供学生学籍和教职工人事档案等的常规管理功能
		教务管理(1分)	提供课程安排、学生选课、日常审批、教学功能室管理、社团管理、绩效管理、教师和学生成长档案管理等功能
		校务管理(1分)	提供通知、公告、请假、转学等校内日常事务的在线申请、审批、发布等功能
		后勤管理(1分)	提供校产、场地、材料等信息的分类管理和统计分析功能，支持门禁、水电等的智能控制
		学生综合素质与教师专业发展评价(2分)	提供学生综合素养和教师专业发展的评价模板和体系的定制、个性化编辑与管理功能，支持布置评价任务、任务进展情况的跟踪与监控、汇总计算评价结果等功能；提供评价任务表、评价进度表，以及个人、班级、年级评价结果等各类统计报表生成等功能
		学生智能管理系统(1分)	提供基于物联网的学生智能管理系统，支持学生考勤、消费支付、图书借阅、机房上机等应用
	研训服务系统(2分)	互动教研(1分)	提供教研活动的计划、组织与审批、过程管理、动态查询、成果管理与共享等全过程管理功能及信息化教研工具
		教师培训(1分)	提供在线校本培训功能
	社会服务系统(2分)	家校互通服务(1分)	提供学校、教师、家长与学生之间的在线交流和沟通的功能
		文化建设与课外活动服务(1分)	提供校内外文化、艺术、课外活动、社会实践等活动的信息发布功能

B6 数字教育资源

数字教育资源是信息技术设备服务于教育教学的手段，是保障技术设备能够有效应用的先决条件。数字教育资源的共建共享是"智慧校园"建设的重要内容和关键环节。根据国家《构建利用信息化手段扩大优质教育资源覆盖面有效机制的实施方案》（教技〔2014〕6号）文件的精神，数字教育资源分为基础性资源、个性化资源和校本资源三大类。在本标准体系中，基础性资源是指与国家、地方教材配套的课程资源；个性化资源是指学校根据办学需要选择性购买的个性化教与学资源；校本资源是指学校、教师、学生、家长和社会专业人士在教育教学活动过程中生成的资源，观测方式与评分标准见表3-7。

表3-7 数字教育资源指标分解描述

类别	指标内容	指标描述
C12 基础性资源（3分）	国家、地方课程配套教材资（1分）	包括与国家、地方课程配套的电子版教材、教材配套课件、光盘等资源
	数字图书（1分）	配齐各学科必备工具书、教学参考书，能满足教学需要，方便学生在各种终端上使用
	素材资源（1分）	能满足本校教师制作自己个性化课件的需求，包括图片、动画、音频、视频等
C13 个性化资源（3分）	教师专业发展资源（1分）	包括名师课堂资源在内的为教师专业发展提供相关的系列化培训数字资源，内容包括课堂实录和相应的教学设计、教学方法创新等
	试题资源（1分）	通过购买获得的试题资源，包含试题内容、解析、参考答案等，题型多样，有梯度
	教学案例与课例（1分）	对教学过程中真实情境进行描述、总结、反思等的案例资源。提供支撑完整课时教学，与教学设计方案相配套的课例资源，包括教材分析、教学对象分析、教学目标确定、教学重难点及解决办法以及教学过程等内容
C14 校本资源（4分）	校本课程资源（1分）	教师开发的网络环境（含无线网络、手持智能终端等）下的多元化校本课程资源，包括公开课、微课、教案、学案、课件、素材、评价资源等
	主题学习资源（1分）	基于信息技术环境下的德育、校园文化建设、研究性学习、科技创新、社团活动、文体活动等主题活动资源
	自命题试题资源（1分）	教师根据学情实际需要，自主命题的试题资源
	学生作品（1分）	基于信息技术的研究性学习成果、信息技术课程成果、创意作品等

B7 信息资源应用水平

信息资源应用水平是信息化建设的新内涵，是"智慧校园"建设与应用的核心，是体现地区教育信息化应用成效的重要标志，也是师生信息素养的反映。本指标体系通过学生、教师和学校机构的信息化应用能力水平进行观测，评分标准见表3-8。

表3-8 应用能力水平指标分解描述

类别	指标内容	指标描述
C15 学生应用（6分）	基本技能（4分）	能熟练使用计算机、移动终端、网络等常用技术设备，能熟练地利用网络工具和在线资源
		能通过信息化手段获取所需的学习资源，并能初步评价资源的准确性、适用性和倾向性
		能应用多媒体加工与创作工具创作多媒体作品，并向他人展示和交流课程学习的成果
		能通过网络空间等与他人协作进行学习、资源建设与分享
	自我管理（2分）	能使用相关任务管理软件进行自我学习管理，如制定学习计划、安排日程、合理分配学习时间等
		能安全、合法和负责任地应用信息技术，尊重知识产权，自觉遵守信息道德和信息伦理，不沉迷网络游戏与网络社交，自觉规范网络行为，抵制不良信息的影响
C16 教师应用（9分）	教学应用（5分）	应用多媒体教学设备授课课时数与总课时数的比例达到80%以上；应用交互式设备和网络教学系统、数字实验室或学习体验中心进行教学课时数与总课时数的比例达到50%以上
		在备课中能熟练使用相关的学科教学工具进行教学设计，合理选择数字教学资源，利用学科教学工具对资源进行加工制作
		理解教学环境的分类及特点，能根据教学需要合理选择多媒体教学环境、数字实验室或学习体验中心实施教学
		利用市、区统一平台或学校自建的网络教学平台，积极开发优质教学资源，探究新的教与学方式
		根据教育教学目标设计并实施信息化教学评价方案，利用网络空间、互动教学服务、网络考试与学习评价等应用服务系统对教学对象、教学资源、教学活动、教学过程进行有效管理和评价
	教研应用（2分）	能利用互动教研服务和教师培训服务，参与校本研修活动和区域组织的教师专业发展活动，记录和反思自己的专业发展过程
		与专家和同行建立并保持业务联系，依托交流组、群组等，促进自身专业成长，提升自身教育教学能力

续上表

类别	指标内容	指标描述
C16 教师应用（9分）	家校服务（1分）	能应用学校信息化应用系统进行家校互通
	社会责任（1分）	全体教职员工能安全、合法和负责任地使用信息技术，自觉规范网络言行，无侵犯知识产权行为
		全体教职员工能向学生示范并传授与信息技术利用有关的法律法规知识和伦理道德观念
C17 学校机构应用（11分）	教务应用（3分）	利用数字教务服务全面实现智能化排课、选课、评课、成绩采集等教务活动，为师生提供查询服务
		定期应用评价服务开展教师信息化教学评估、学生学习效果的在线测评及评价指导，利用教育教学大数据进行教与学行为分析，对学校教学质量进行全面监测，辅助教育教学决策
		每学期应用学生综合素养评价系统进行评价，并形成学生成长档案
		能应用学校信息化应用系统对各学科、教师、学生综合信息等教务工作进行管理
	研训应用（3分）	专任教师应用网络空间开展备课、教学、教研等交流研讨及培训学习等活动，形成常态化
		名师、骨干教师依托市区级平台或自建平台建立网上名师工作室，指导本学科教师专业发展
		实施教师信息技术应用提升工程，组织开展信息技术应用能力培训
	校务应用（3分）	利用办公管理系统实现无纸化办公，利用网络空间实现资料存储电子化。学校校务工作信息化管理程度较高，学校信息化应用系统利用率较高
		每学期应用教师专业发展评价系统进行综合评价，并形成教师专业发展档案
		后勤管理系统实现对资产设备登记与管理率达到100%，财务实现日常账务收支记录及账表信息电子化达100%，人事管理系统实现人事信息的智能化管理达100%
	社会服务（2分）	利用信息化手段进行有效的家校互通，包括交流学生出勤情况、学习情况及在校表现等
		学校提供数字化社会公共服务，向社会开放优质教育资源

A3 开放与协同指标观测

B8 人才吸引

C18 外籍教师和港澳台教师比例

定义：外籍教师是指具有教师资格，在国内从事教学科研工作的拥有外国国籍的人士；港澳台教师是指持有我国香港、澳门、台湾永久性居民身份证并在国内从事教学科研工作的人员。

适用范围：校级、县（区/镇）级、市级、省级。

数据采集：外籍教师人数、港澳台教师人数，专任教师总数。

测算分析：外籍教师和港澳台教师的人数占据全部专任教师的比例。

C19 留学生和港澳台学生比例

定义：留学生指持外国护照在我国学校注册并接受学历教育或非学历教育的外国公民。留学生包括学历留学生和非学历留学生，学历来华留学生指来华留学生中以取得我国学历学位为目的的学生；非学历来华留学生指来华留学生中不以取得我国学历学位为目的的各类学生，包括高级进修生、普通进修生、语言生和短期生。港澳台学生指持我国香港、澳门、台湾永久性居民身份证，或已取得住在国内长期或者永久居留权，在我国高等学校注册并接受学历教育或非学历教育的公民，港澳台学生包括学历港澳台学生和非学历港澳台学生。

适用范围：校级、县（区/镇）级、市级、省级。

数据采集：留学生人数、港澳台学生人数、在校生总数。

测算分析：外籍学生和港澳台学生占据在校生的比例。

B9 人才输出

C20 年度出外留学生比例

定义：毕业后出国（境）攻读学位的学生情况，是指个人去中国以外的国家或我国港澳台地区接受各类教育，时间可以为短期或长期（从几个星期到几年）。我国有一套体系完整的留学政策，派遣和支持留学人员出国学习，是我国改革开放政策的重要组成部分，是根据经济和文化建设的需要，加快人才的培养和增进我国和世界各国在经济、科技、教育、文化等各个领域的交流与合作为导向的重要举措。

适用范围：校级、县（区/镇）级、市级、省级。

数据采集：毕业后选择出国留学的学生人数、毕业后选择出境留学的学生人数，在校生总数。

测算分析：年度毕业后选择出国（境）留学的学生人数占该年度毕业学生总人数的比例。

C21 年度学生境外研学或研习人次

定义：在校生中当年通过学校办理的出国（境）修读学分的人数，在校生中当年通过学校办理的短期出国（境）学习（不修学分）的人次，在校生中当年通过学校办理的出国（境）参加会议人次，在校生中当年通过学校办理的出国（境）参加竞赛人次，学生在学期间出国（境）进行短期交流的人数。

适用范围：校级、县（区/镇）级、市级、省级。

数据采集与分析：采集并统计定义中各类别研学研习人数。

C22 年度出外访学交流教师比例

定义：访学是指专任教师中当年通过学校办理到国外或我国港澳台地区进行 1 年及以上或者 1 年以下 3 个月以上（含 3 个月）的访学和研修。交流是指专任教师中当年通过学校办理到国外或我国港澳台地区参加国际会议与合作交流，当年通过学校办理的出外短期讲学与合作研究，停留时间一般为三个月以下。

适用范围：校级、县（区/镇）级、市级、省级。

数据采集：出外访学教师人数、出外交流教师人数、专任教师总数。

测算分析：每年在职专任教师出国或到我国港澳台地区访学和交流的人数占教师总人数的比例。

B10 合作共享

C23 合作交流数

定义：合作交流包括合作办学数、科研项目合作数、举办国际学术会议数。合作办学有区域内合作办学和区域外合作办学两种，区域内合作办学主要是指引入海外先进教育资源，在区域内共同开设课程或者办学，区域外合作办学主要是指国内高校到海外高校共同开设课程或者合作办学。科研项目合作数测算年度与海外合作项目的数量，科研项目合作是指与海外教育机构签订合作协议，然后由专门的或兼职的项目团队负责合作实施的各项教育教学科研活动，包括与海外联合建立的联合实验室、国际联合研究中心或研发机构的数目，建设人文学术交流的国际智库以及国别和区域研究（中心）基地的数量。举办国际学术会议数，具体观测年度主办或承办的普通国际学术会议和重大国际学术会议数。

适用范围：校级，县（区/镇）级，市级，省级。

数据采集与评分：见表 3-9，采集各类指标的数量，进而乘以相应的分值，加权得到总分。

表 3-9 合作交流情况评分标准

指标内容	指标描述
合作办学数（6 分）	与世界一流大学合作办学或合作项目涉及一流学科（3 分）
	与"双一流"建设高校合作办学（2 分）
	与得到中国教育部认证的非"双一流"高校合作办学（1 分）
海外科研项目合作数（6 分）	与海外合作申获的国家级项目、省部级重大项目、特大横向项目（即单项实到经费 100 万及以上的横向项目）（3 分）
	与海外合作申获的省部级一般项目、市级重点项目、重大横向项目（即单项实到经费 50 万～100 万（含 50 万元）的横向项目）（2 分）
	与海外合作的市级其他项目、厅（局）级项目、重点横向项目（即单项实到经费 20 万～50 万元（含 20 万元）的横向项目）（1 分）

续上表

指标内容	指标描述	
举办国际学术会议数（3分）	重大国际学术会议（2分）	1. 外宾人数在100人以上或会议总人数在400人以上的社科类学术会议/外宾人数在300人以上或会议总人数在800人以上的自然科学技术类学术会议 2. 有外国政府部门要员参与且邀请我国政府相关部门负责人出席 3. 其他事关我国重大核心利益、涉及重大敏感问题以及重要国际问题等的国际会议
	普通国际学术会议（1分）	外宾人数在100人及以下或会议总人数在400人及以下的社科类学术会议/外宾人数在300人及以下或会议总人数在800人及以下的自然科学技术类学术会议

C24 与国（境）外定结姊妹学校数

定义：姊妹学校是指与国（境）外学校签订了协议，通过跨文化互惠交流，目的促进两地学校交流与合作的学校。有助于逐步实现互惠学习的愿景，助推参与主体跨文化身份的建构与跨文化素养的提升，整合优质教育教学资源，促进教师和学生成长，提升教育教学质量。

适用范围：校级、县（区/镇）级、市级、省级。

数据采集与测定：统计定义中学校数量。

C25 国际参与度

定义：国际参与统计专任教师中在国际组织、学术性协会担任职务，在国际学术核心刊物担任职务，有重大国际会议主席经历，被海外高校授予名誉学衔，参与国际教育政策、规则、标准研究及制定的人数。

适用范围：校级、县（区/镇）级、市级、省级。

数据采集：有重大国际会议主席经历的人数，被海外高校授予名誉学衔的人数，参与国际教育政策、规则、标准研究及制定的人数，专任教师人数。

测算分析：测算满足以上条件的专任教师人数占专任教师总数的比例。

A4 创新与创业指标观测

B11 创新创业成果

C26 创新创业竞赛获奖数

定义：该指标通过学生创新竞赛和创业竞赛获奖数量进行测量，创新竞赛选择中国"互联网+"大学生创新创业大赛，全国青少年（含大学生）科技创新成果竞赛获奖项目进行数量统计。中国"互联网+"大学生创新创业大赛是我国深化创新创业教育改革的重要载体和平台，大赛自2015年创办以来涌现了一大批科技含量高、市场潜力大、社会效益好的高质量项目，已经成为我国覆盖面最大、影响力最广的大学生创新创业竞赛项目。全国青少年科技创新成果竞赛是一项具有30年历史的全国性青少年科技创新成果和科学探究项目的综合性科技竞赛，是面向各级各类教育开展的具有示范性和导向性的科技教育活动之一，是目前我国大中小学创新活动优秀成果集中展示的重要载体。

适用范围：校级、县（区/镇）级、市级、省级。

数据采集与评分：选择中国"互联网+"大学生创新创业大赛，全国青少年（含大学生）科技创新成果竞赛获奖项目进行数量统计，每项指标数量乘以相应权重分值求得。

表3－10 创新创业竞赛获奖等级分解描述

类别	指标内容	指标描述
创新创业竞赛获奖	中国"互联网+"大学生创新创业大赛	获得国家级比赛奖项（3分）
		获得省级比赛奖项（2分）
		获得校级比赛奖项（1分）
	全国青少年科技创新成果竞赛	获得国家级比赛奖项（3分）
		获得省级比赛奖项（2分）
		获得市级比赛奖项（1分）
	创青春大学生创业大赛	获得国家级比赛奖项（3分）
		获得省级比赛奖项（2分）
		获得校级比赛奖项（1分）

C27 专利发明水平

定义：教师取得的、学生取得的或者师生合作取得的发明专利，专利发明包括通过PCT途径进入其他国家并获得授权专利、国家授权发明专利、国家授权实用新型专利、国家授权外观设计专利、国家知识产权局登记的计算机软件著作权。

适用范围：校级（高等学校）、市级、省级。

数据采集与评分：见表3－11，相应指标的数量乘以权重分值求得。

表3－11 专利发明层级分解描述

类别	指标内容	指标描述
专利发明	国家授权发明专利（3分）	是指对产品、方法或其改进所提出的新的技术方案，主要体现新颖性、创造性和实用性。取得专利的发明又分为产品发明（如机器、仪器设备、用具）和方法发明（制造方法）两大类。专利发明平均审查周期为2到3年，保护期限为20年
	国家授权实用新型专利（2分）	是指对产品的形状、构造或者其结合所提出的适于实用的新的技术方案。专利法中对实用新型的创造性和技术水平要求较发明专利低，但实用价值大，在这个意义上，实用新型有时会被人们又称小发明或小专利。实用新型专利平均审查周期为6到8个月，保护期限为10年

续上表

类别	指标内容	指标描述
专利发明	国家授权外观设计专利（2分）	外观设计专利是指依法应授予专利权的外观设计。外观设计是指工业品的外观设计，也就是工业品的式样。是指对产品的形状、图案、色彩或者其结合所做出的富有美感并适于工业上应用的新设计。外观设计专利平均审查周期为6到8个月，保护期限为10年
	计算机软件著作权（1分）	计算机软件著作权是指软件的开发者或者其他权利人依据有关著作权法律的规定，对于软件作品所享有的各项专有权利。软件经过登记后，软件著作权人享有发表权、使用权、使用许可权和获得报酬权。审查周期为60天，保护期限为享有软件著作权的自然人终生及其死亡后50年

B12 创新创业支持与服务

C28 创新创业支持项目情况

定义：本指标通过学生创新创业计划项目中市级、省级、国家级立项数目进行评价。学生创新创业训练计划是国家进行创新创业能力培养的有力举措，有利于促进高等学校转变教育思想观念，改革人才培养模式，强化创新创业能力训练，增强高校学生的创新能力和在创新基础上的创业能力，培养适应创新型国家建设需要的高水平创新人才。大学生创业计划项目包含创新训练项目、创业训练项目和创业实践项目三类。

适用范围：校级、县（区）级、市级、省级。

数据采集与评分：见表3-12，采集高校学生在创新训练项目、创业训练项目、创业实践项目上获得的校级、市级、省级、国家级奖项。

表3-12 大学生创业计划项目等级分解描述

类别	指标内容	指标描述
国家级大创	国家级创新训练计划（3分）	由中央财政、地方财政共同支持。由中央部委组织专家论证，通过论证后即可实施。项目是本科生个人或团队，在导师指导下自主完成创新性研究项目设计、研究条件准备和项目实施、研究报告撰写、成果（学术）交流等工作。项目资金的管理和使用情况应接受教育部及财政、审计等部门的检查、审计，教育部将在适当时候，根据项目性质和特点，分别组织检查验收

续上表

类别	指标内容	指标描述
国家级大创	国家级创业训练计划（3分）	由中央财政、地方财政共同支持。由中央部委组织专家论证，通过论证后即可实施。项目是本科生团队，在导师指导下，团队中每个学生在项目实施过程中扮演一个或多个具体的角色，通过编制商业计划书、开展可行性研究、模拟企业运行、参加企业实践、撰写创业报告等工作。项目资金的管理和使用情况应接受教育部及财政、审计等部门的检查、审计，教育部将在适当时候，根据项目性质和特点，分别组织检查验收
	国家级创业实践项目（3分）	由中央财政、地方财政共同支持。由中央部委组织专家论证，通过论证后即可实施。项目是学生团队，在学校导师和企业导师共同指导下，采用前期创新训练项目（或创新性实验）的成果，提出一项具有市场前景的创新性产品或者服务，以此为基础开展创业实践活动。项目资金的管理和使用情况应接受教育部及财政、审计等部门的检查、审计，教育部将在适当时候，根据项目性质和特点，分别组织检查验收
省级大创	省级创新训练计划（2分）	由地方财政支持，由省教育部门组织专家论证，通过论证后即可实施。项目是本科生个人或团队，在导师指导下，自主完成创新性研究项目设计、研究条件准备和项目实施、研究报告撰写、成果（学术）交流等工作。项目资金的管理和使用情况应接受教育厅及财政、审计等部门的检查、审计，教育厅将在适当时候，根据项目性质和特点，分别组织检查验收
	省级创业训练计划（2分）	由地方财政支持，由省教育部门组织专家论证，通过论证后即可实施。项目是本科生团队，在导师指导下，团队中每个学生在项目实施过程中扮演一个或多个具体的角色，通过编制商业计划书、开展可行性研究、模拟企业运行、参加企业实践、撰写创业报告等工作。项目资金的管理和使用情况应接受教育厅及财政、审计等部门的检查、审计，教育厅将在适当时候，根据项目性质和特点，分别组织检查验收

续上表

类别	指标内容	指标描述
省级大创	省级创业实践项目（2分）	由地方财政支持，由省教育部门组织专家论证，通过论证后即可实施。项目是学生团队，在学校导师和企业导师共同指导下，采用前期创新训练项目（或创新性实验）的成果，提出一项具有市场前景的创新性产品或者服务，以此为基础开展创业实践活动。项目资金的管理和使用情况应接受教育厅及财政、审计等部门的检查、审计，教育厅将在适当时候，根据项目性质和特点，分别组织检查验收
校级大创	校级创新训练计划（1分）	由校方财政支持，由学校组织专家论证，通过论证后即可实施。项目是本科生个人或团队，在导师指导下，自主完成创新性研究项目设计、研究条件准备和项目实施、研究报告撰写、成果（学术）交流等工作。项目资金的管理和使用情况应接受学校及财政、审计等部门的检查、审计，学校将在适当时候，根据项目性质和特点，分别组织检查验收
校级大创	校级创业训练计划（1分）	由校方财政支持，由学校组织专家论证，通过论证后即可实施。项目是本科生团队，在导师指导下，团队中每个学生在项目实施过程中扮演一个或多个具体的角色，通过编制商业计划书、开展可行性研究、模拟企业运行、参加企业实践、撰写创业报告等工作。项目资金的管理和使用情况应接受学校及财政、审计等部门的检查、审计，学校将在适当时候，根据项目性质和特点，分别组织检查验收
校级大创	校级创业实践项目（1分）	由校方财政支持，由学校组织专家论证，通过论证后即可实施。项目是学生团队，在学校导师和企业导师共同指导下，采用前期创新训练项目（或创新性实验）的成果，提出一项具有市场前景的创新性产品或者服务，以此为基础开展创业实践活动。项目资金的管理和使用情况应接受学校及财政、审计等部门的检查、审计，学校将在适当时候，根据项目性质和特点，分别组织检查验收

C29 创新创业实践基地情况

定义：创新创业实践基地指由政府或学校投资建设，旨在培养创新和创业人才，提升实践能力，培养创新思想，是学生创新创业项目孵化的重要平台。基地一般实行专业老师指导、学生自主创新实践相结合的创新教育模式，采取开放式运行管理。

适用范围：校级、县（区）级、市级、省级。

数据采集与评分：见表3-13，该项指标统计校级、市级、省级、国家级创新创业实践基地的数目，进而乘以相应权重分值求得。

表3-13 创新创业实践基地层级分类

类别	指标内容	指标描述
创新创业实践基地数	国家级基地（4分）	指依托高校设立的大学科技园、软件园、产业园、创业园（街）等，为大学生创新实践、创业实训等提供场所并取得显著成效的国家级综合服务平台。推动国内高校深化创新创业教育工作，加强大学生创新创业示范基地建设，培养创新创业人才，促进大学生自主创业。基地由教育部组织专家进行材料审核及实地考察，根据专家组评审意见，经研究确定后正式发文并授牌
	省级基地（3分）	指依托高校设立的大学科技园、软件园、产业园、创业园（街）等，为大学生创新实践、创业实训等提供场所并取得显著成效的省级综合服务平台。推动省内高校深化创新创业教育工作，加强大学生创新创业示范基地建设，培养创新创业人才，促进大学生自主创业。基地由省教育厅组织专家进行材料审核及实地考察，根据专家组评审意见，经研究确定后正式发文并授牌
	市级基地（2分）	指依托高校设立的大学科技园、软件园、产业园、创业园（街）等，为大学生创新实践、创业实训等提供场所并取得显著成效的市级综合服务平台。推动市内高校深化创新创业教育工作，加强大学生创新创业示范基地建设，培养创新创业人才，促进大学生自主创业。基地由市教育局组织专家进行材料审核及实地考察，根据专家组评审意见，经研究确定后正式发文并授牌
	校级基地（1分）	指高校设立的大学科技园、软件园、产业园、创业园（街）等，为本校学生创新实践、创业实训等提供场所并取得显著成效的校级综合服务平台。推动本校深化创新创业教育工作，加强学生创新创业示范基地建设，培养创新创业人才，促进学生自主创业。基地由高校组织专家进行材料审核及考察，根据专家组评审意见，经研究确定后正式成立

C30 产学研转化水平

定义：产学研转化即产业、学校、科研机构相互配合，发挥各自优势，形成强大的研究、开发、生产一体化的先进系统，并在运行过程中体现出综合优势，再将技术创新所产生的各种生产要素的有效组合运用于社会。该项指标反映了将科技成果转化为现实生产力，服务经济社会发展能力，体现了高校、中高职院校与地方政府、行业企业之间的合作水平。

适用范围：校级、县（区/镇）级、市级、省级。

数据采集与评分：该项指标为定性指标，通过打分方式进行评测，评分标准见表3–14。

表3–14 产学研转化水平评分标准

类别	评分细则
政策指引	引导和鼓励学校、地方政府、行业企业参与产学研合作的政策法规健全（1分）
合作基地与新模式	建有一批高质量的产学研合作基地，积极探索园区服务型合作模式，大力推进市校产学研合作，建立和不断完善产学研战略联盟，不断创新合作形式（1分）
校企有效合作	校企之间共同培养学生，组织顶岗实习，共建产品设计中心、研发中心和工艺技术平台。广泛开展校企交流活动，促进产学研深度融合与转化（1分）
产学研转化推动作用	产学研的推动在提升学生专业技能、培养高素质人才方面发挥了较大推动作用。同时加快技术创新建设、加快科技成果转化中试平台建设、加强技术创新共享平台建设、加快中介服务平台建设（1分）
产学研转化机制完善	建立与完善统筹协调机制、评价激励机制、利益保障机制、导向机制（1分）

A5 公平指标观测

B13 入学机会公平

C31 城乡教育毛入学率差异

定义：入学率为实际入学学生占法定规定年龄人口的百分比，毛入学率是指计算公式中的分子时，不考虑学生的年龄大小，即该级教育在校学生占政府规定的该级学龄段人口总数的百分比。在观测过程中，毛入学率包含学前教育毛入学率、义务教育毛入学率、高中阶段毛入园率、高等教育毛入学率。学前教育是指3周岁或以上6周岁以下适龄儿童都有权利在其监护人监督下进入国家创办或私人创办的学前教育机构——幼儿园进行养育和学习。学前教育毛入园率通过在园学生人数除以其户籍所在地3周岁以上6周岁以下适龄儿童总人数观测。义务教育毛入学率为小学在校生数与初中在校生数总和占6岁以上15岁以下学龄人口的比例。高中阶段在校生包括普通高中、普通中专、职业高中等部分，高中阶段毛入学率为高中阶段在校学生总数中在读的学生数占 15～17 岁年龄组人口数的比例。高等教育毛入学率是指高校（这里指大专和本科）在校生总数占据高等教育适龄人口（18～22 岁）的比例。城乡毛入学率差异表明城市和乡村地区在接受正规教育时的水平差距，乡村包括农村地区和县镇地区。

适用范围：县（区/镇）级、市级、省级。

数据采集：城市、乡村的毛入学率。

测算分析：分别测算城市与乡村在学前教育毛入学率、义务教育毛入学率、高中教育毛入学率、高等教育毛入学的数值，进而采用城市相应阶段的毛入学率除以农村相应阶段的毛入学率计算。

B14 资源分配公平

C32 城乡、公民办学校生师比差异

定义：生师比是教育人力资源分配的重要体现，城乡、公民办学校生师比能够体现城市和乡村，公办学校和民办学校在教师数量配备方面的水平差异。

适用范围：县（区/镇）级、市级、省级。

数据采集：城市、乡村、公办、民办学校的生师比。

测算分析：分别测算城市与乡村，公办与民办学校在学前教育生师比、义务教育生师比、高中教育生师比、高等教育生师比的数值，进而采用城市相应学段的生师比除以农村相应学段的生师比进行计算城乡生师比，采用公办相应学段的生师比除以民办相应学段的生师比进行计算公民办生师比。

C33 城乡、公民办学校教师学历差异

定义：教师学历是教师队伍素质的重要体现，此项指标反映了城市和乡村，公办和民办学校在教师素质方面的差异情况。

适用范围：县（区/镇）级、市级、省级。

数据采集：城市、乡村、公办、民办教师的学历。

测算分析：C1 指标中测算了专任教师学历情况。本指标在此基础上，分别测算城市各学段专任教师学历达标比例、高学历比例，农村地区教师学历达标比例、高学历比例，进而分别用城市相应学段的达标比例、高学历教师比例除以农村地区相应学段的达标比例、高学历教师比例进行计算。分别测算各学段公办教师学历达标比例、高学历比例，民办教师学历达标比例、高学历比例，进而分别用公办学校相应学段的达标比例、高学历教师比例除以民办学校相应学段的达标比例、高学历教师比例进行计算。

B15 教育结果公平

C34 城乡、公民办学校在校生巩固率差异

定义：在校生巩固率，即一个学校入学人数与毕业人数的百分比。城市、乡村以及公民办学校在校生巩固率是教育成果巩固情况的具体体现。了解这些指标的差异对优化教育结构、强化教育的投入保障、提高教育质量以及加快改变教育不均衡状况具有助推作用。

适用范围：县（区/镇）级、市级、省级。

数据采集：城市、乡村的入学人数、毕业人数，公办、民办学校的入学人数、毕业人数。

测算分析：分别测算城市与乡村地区，公办与民办学校在学前教育、义务教育、高中教育、高等教育阶段的在校生巩固率，进而用城市各阶段在校生巩固率除以乡村地区相应阶段在校生巩固率进行计算。

A6 普惠指标观测

B16 教育服务均等化

C35 公益普惠性幼儿园占比

定义：普惠性幼儿园包括公办幼儿园、集体或单位举办的公办性质幼儿园和提供普惠性服务的民办幼儿园。坚持教育的公益性以及普惠性，保障公民享有平等接受教育的机会。拥有一个优质、公益、普惠的学前教育公共服务体系成了我国学前教育发展的重要方向和发展目标。由此，在国家政策的指导下，各省（市、区）根据当地实际情况，修改发展目标和制定具体政策方案，发挥各级政府在教育治理中应该发挥的主导作用。

适用范围：县（区/镇）级、市级、省级。

数据采集：公益普惠性幼儿园数量、幼儿园总数。

分析测算：具体观测普惠性幼儿园占幼儿园总数的比例。

C36 义务教育阶段在校生中随迁子女所占比例

定义：随迁子女是指户籍登记在外省（区、市）、本省外县（区），随父母到输入地（同住）并在校接受教育的适龄儿童少年。随迁子女只统计因为父母离开户籍所在地到异地工作，随同父母来到异地就读普通中小学的适龄儿童少年；不包括跨区（县）招生或择校等原因到异地就读的学生；不包括在设区的市行政区域内区与区之间异地居住的人员。该指标可以在一定程度上反映输入地随迁子女相对数量以及在当地接受义务教育阶段教育的情况。

适用范围：校级、县（区/镇）级、市级、省级。

数据采集：随迁子女人数、在校生总数。

测算分析：义务教育阶段在校生中随迁子女所占比例是指义务教育阶段在校生中随迁子女数占义务教育阶段在校生总数的百分比。该指标可以反映各地区义务教育阶段在校生中随迁子女比例的高低。义务教育阶段在校生中随迁子女所占比例 = 义务教育阶段随迁子女在校生数/义务教育阶段在校生总数 ×100%。

C37 入学残疾儿童少年享受 15 年免费教育的比例

定义：残疾儿童少年，包括视力、听力、语言、肢体、智力、精神和综合残疾 7 类。该项指标主要反映对残疾儿童少年免费接受教育机会的保障。

适用范围：校级、县（区/镇）级、市级、省级。

数据采集：享受 15 年免费教育的残疾儿童少年数，入学残疾儿童少年总数。

测算分析：免费接受学前 3 年教育、义务教育和高中阶段教育的残疾儿童少年数量与入学残疾儿童少年总数的百分比。

C38 家庭经济困难学生资助比例

定义：该项指标主要反映各类学校困难学生受资助或受帮扶的情况。家庭经济困难学生包括城乡最低生活保障家庭子女、孤残儿童、革命烈士或因公牺牲军人和警察子女及其他经济困难家庭子女。家庭经济困难学生受帮扶形式主要包括助学金、减免学费课本费及作业本费等政府资助和社会团体、企事业单位及个人的社会资助。

适用范围：校级、县（区/镇）级、市级、省级。

数据采集：接受资助的学生人数、家庭经济困难学生总数。

测算分析：具体监测家庭经济困难学生中接收资助的学生人数占在校家庭经济困难学生总数中的比例。

B17 终身教育

C39 终身教育网络资源数

定义：在线教育是终身教育的重要途径，在线平台的教育资源数是终身教育提供状况的重要体现。网络教育海量化的信息量、高效的传播速度给教育终身化的发展带来新的契机，网络资源充足与否是终身教育发展状况的一个重要标志。终身教育网络资源数通过政府提供的终身教育在线开放课程数量进行评估。

适用范围：县（区/镇）级、市级、省级。

数据采集和测算：统计政府提供的终身在线学习平台上的课程数量、访问人次。

C40 老年大学的学位数

定义：老年大学是适应社会老龄化、建设终身学习的学习型社会以及和谐社会的需要而发展起来的时代产物，服务对象主要是65岁及以上的老年人。国家在"十二五"规划中，首次提出"文化养老"概念，以满足老年人物质条件的同时，鼓励老年人追求以文化的方式进行养老，以丰富精神文化为支撑的新型养老方式为建立学习型社会添砖加瓦。老年大学通过开设形式多样的课程，满足老年人求知、求健、求乐、求为的需要。老年大学的学位数反映了终身教育的供给状况。

适用范围：县（区/镇）级、市级、省级。

数据采集和测算：统计各个老年大学能够提供的学位数目。

C41 学习型社区建设情况

定义：学习型社区是学习型社会的基石。学习型社区是一个"人人想学、处处能学、时时可学"的社区，少年儿童、劳动力人口和老年人是学习型社区中的学习主体。在社区中要明确组织领导机构、注重队伍建设、完善活动场所设施，在具体的分工中组织社区学习"学习型组织以及终身教育和终身学习的有关理论"。开展丰富多样的特色、创新社区教育活动检验学习型社区的建设成效。

适用范围：县（区/镇）级、市级、省级。

数据采集和测算：以学习型社区评估表为依据对各个学习型社区的社区组织与管理、条件与保障、学习与宣传活动、实施与成效、特色与创新几个指标进行评分，再以此为基础来统计各个学习型社区所得"示范区"称号（表3-15）。

表3-15 学习型社区评估标准

一级指标	二级指标	三级指标
组织与管理（20分）	组织与管理（5分）	成立由街道主要领导负责的创建学习型街道领导小组（1分） 领导小组下设办公室，有专人负责（1分） 形成街道（乡镇）与居（村）委会两级组织网络，人员落实（1分） 各职能部门有明确分工，形成多方参与、分工负责、齐抓共管的创建工作机制（1分） 有会议和活动记录，研究创建工作，落实计划，分析、总结实施情况等（1分）
	计划与方案（10分）	制订了创建工作的年度计划，目标明确，措施得力（2分） 制订了创建学习型社区规划，实施方案具体、得当（3分） 制定了会议、调研、交流、表彰等工作制度（2分） 结合社区实际情况制定实施方案，操作措施具体可行（3分）
	过程与结果管理（5分）	重视创建工作过程，进行科学有效的管理（2分） 街道（乡镇）所属企事业、居（村）委会等单位及社区学习点均有专职或兼职管理人员进行监督（1分） 重视创建工作的结果，有立档、存档（2分）
条件与保障（26分）	制度建设（6分）	社区教育建设和发展必须遵守国家的法律法规，贯彻落实国家的法律精神（3分） 建立并不断完善学习制度和教育培训制度（3分）
	队伍建设（5分）	街道建有专兼职结合的创建工作和成人教育、社区教育管理工作者队伍，建有从事社区教育的教育队伍和志愿者队伍（3分） 注重管理各支队伍的建设和培养，定期展开培训（2分）
	活动场所及发挥作用情况（5分）	整合辖区内普通教育资源，建设满足学习和教育需求的社区教育基地，其使用面积不少于2000平方米；街道建有多功能社区教育中心（社区教育学校），专用面积不少于500平方米（1分） 居委会建有社区学校（市民学校），其面积不少于100平方米（1分） 驻区内学校教育资源向居民开放，实现资源共享，开放率达70%以上（2分） 社区内文化体育活动场所，能根据需要为居民的学习提供服务（1分）

续上表

一级指标	二级指标	三级指标
条件与保障（26分）	其他载体建设（5分）	注重学习角（英语角等）、画廊、读报组、自学小组、读书活动等多种形式学习载体的建设（2分）
		注重环境布置，营造全民学习、终身学习的氛围；多数居民了解创建学习型社区的要求，知晓率较高（2分）
		充分利用市、区两级远程信息技术手段为市民提供各种学习和教育服务（1分）
	经费落实（5分）	为适应创建学习型社区的需要，有一定的经费投入，并初步形成街道、社会团体和单位、个人多渠道投入经费的机制（3分）
		创建学习型社区的经费落实到位，经费专款专用（2分）
学习与宣传活动（24分）	政策理论学习（2分）	学习党和国家关于建设学习型社会及广东省委省政府建设学习型城市文件的精神，理解创建学习型街道（社区）的意义（1分）
		学习"学习型组织"以及终身教育和终身学习的有关理论（1分）
	学习内容、形式与效果（7分）	学习内容贴近社区实际和居民需求（1分）
		有教学计划、相应的教材（含自编教材）、讲义或资料（2分）
		学习形式多样，组织了各种形式的市民读书活动（如读书节等），实行社区教育为主、社会力量为辅的多元化办学格局（2分）
		应用现代教育手段，如网络视频教育、音像视频资料教育、微课教育等全面推动社区教育的发展建设（2分）
	宣传及教育活动（15分）	利用网络、广告、橱窗、宣传手册多种等形式，广泛深入宣传学习型乡镇建设的意义，效果明显（2分）
		积极适应环境变化，根据区域经济社会发展和街道自身发展要求，形成创建动力（2分）
		发挥社区各类教育资源的作用，开展多种形式的学前教育（2分）
		积极开展面向青少年的课外教育活动，开展各类素质教育培训活动，实现家庭教育、学校教育、社会教育相结合，有措施，有时效（2分）
		发挥社区各类教育资源的作用，积极开展面向居民的成人学历教育和短期培训班（2分）
		发挥社区各类教育资源的作用，积极开展进城务工人员教育培训、转移农村劳动力培训以及下岗、待业人员培训（2分）
		开展多种形式的老年学习教育活动（2分）
		每年参加学习教育活动的人次不少于常住人口的50%；不断扩大参与学习和教育人员的覆盖面（1分）

续上表

一级指标	二级指标	三级指标
实施与成效（20分）	学习型组织（4分）	街道机关积极开展学习型机关的创建活动，在辖区内做出表率（2分） 推进辖区内各类学习型组织建设，积极开展学习型村委会、学习型家庭、学习型基层民间组织等创建活动（1分） 定期召开创建学习型组织研讨会、经验交流会、表彰会等，推动创建活动深入持续地开展并留档（1分）
	社区文化建设（8分）	加强社区文化建设，形成和谐、友爱、互助的区域文化（2分） 有明确的共同愿景，树立良好的社区形象，通过多种形式的文化活动凝聚人心，促进社会风气的改善和社区的和谐与稳定（2分） 不断推进观念更新、改革创新，管理更加民主、科学、有效，能解决影响地区发展的实际问题，乡镇、村的服务水平不断提高（4分）
	成效（8分）	社区形成了人人学习、终生学习的氛围（2分） 有组织地开展学习活动，形成了创建学习型组织的有效运行机制（2分） 社区内学习型组织的数量逐年增加，居住环境和人际关系不断改善，居民文明程度不断提高（2分） 形成了有社会力量支持、企业资金扶助的文化型社区教育模式和体制（2分）
特色与创新（10分）	特色（5分）	创建学习型社区工作富有特色，有特色的经验和典型，效果显著（5分）
	创新（5分）	创建学习型社区工作具有创新，创建创新学习型社区、街道（5分）

A7 规模指标观测

B18 教育绝对规模

C42 在校生数

定义：在校学生指一定时期内各级各类学校注册学习的学生总数。在校学生数能够说明我国的教育规模发展速度，也能反映基础教育是否稳步增长，高等教育的普及化是否达标，是向终身型学习社会迈进步骤中的重要检验指标。

适用范围：校级、县（区/镇）级、市级、省级。

数据采集：在校学生数。

测算分析：具体测量根据上一年在校学生总数，减去应届毕业生人数和由于各种原因（如休学、退学、开除、死亡、调动等）净流出的学生人数，加上当年招生人数和由于各种原因（如复学、插班等）净流入的学生人数计算所得。

B19 教育相对规模

C43 每千名学生拥有的学位数

定义：是指每千人中学前教育、义务教育阶段、高中教育阶段、高等教育阶段学校能够提供的学位数。该指标值可以在一定程度上反映各地的教育发展水平及学位供给情况。

适用范围：校级、县（区/镇）级、市级、省级。

数据采集：在校学生数，学位供给数。

测算分析：具体观测时，首先计算各级各类学校数，高等教育阶段学校数 = 科研机构 + 普通本科院校 + 高职（专科）院校 + 成人高等学校 + 民办的其他高等教育机构，高中教育阶段学校数 = 普通高中 + 完全中学 + 高级中学 + 十二年一贯制学校 + 成人高中 + 普通中专 + 成人中专 + 职业高中 + 技工学校 + 其他中职机构，义务教育学校数 = 初级中学 + 九年一贯制学校 + 十二年一贯学校 + 小学，学前教育机构主要指各类具有招生资格的幼儿园，进而采用学位数/在校生总数×1000。

A8 投入指标观测

B20 政府教育投入

C44 公共财政预算教育经费占公共财政支出比例

定义：公共财政预算教育经费占公共财政支出比例，是指公共财政预算教育经费占公共财政支出的百分比。该指标主要体现政府部门对教育投入的重视程度，公共财政预算教育经费是通过政府财政预算后直接拨付的款项，公共财政预算教育经费占公共财政支出比例高，表明政府对教育投入的重视程度高。公共财政预算教育经费是指中央、地方各级财政或上级主管部门在本年度内安排，并划拨到各级各类学校、教育行政单位、教育事业单位，列入国家预算支出科目的教育经费，本指标按公共财政预算教育经费包含教育费附加的口径计算。公共财政支出是指国家财政将筹集起来的资金进行分配使用，以满足经济建设和各项事业的需要。该指标可反映全国及各地公共财政对教育事业的投入水平和力度。

适用范围：县（区/镇）级、市级、省级。

数据采集：年度公共财政预算教育经费，年度公共财政总支出。

测算分析：公共财政预算教育经费占公共财政支出比例 = 本年度公共财政预算教育经费/本年度公共财政总支出 × 100%。

C45 生均公共财政预算教育事业费

定义：生均公共财政预算教育事业费，是指某一级教育公共财政预算教育事业费支出与该级教育在校生总数之比。教育事业性经费支出分为"个人部分支出"和"公用部分支出"两部分。个人部分支出包括"工资福利支出"和"对个人和家庭的补助"两部分："工资福利支出"反映学校或单位开支的在职职工和临时聘用人员的各类劳动报酬，以及为上述人员缴纳的各项社会保险费等；"对个人和家庭的补助"反映政府对个人和家庭的补助支出。公用部分支出包括"商品和服务支出"和"其他资本性支出"两部分："商品和服务支出"是指反映学校或单位购买商品和服务的支出（不包括用于购买固定资产的支出）；"其他资本性支出"是指反映非各级发展与改革部门集中安排的用于学校或单位购置固定资产、土地和无形资产，以及构建基础设施、大型修缮所发生的支出。该指标反映以学生人数平均的预算内教育事业费的充足情况，公共财政预算教育事业经费是政府部门为各级教育机构的教育活动专门拨付的财政性资金，该指标值越高，说明教育经费的保障越充足。

适用范围：县（区/镇）级、市级、省级。

数据采集：教育公共财政预算教育事业费支出，该级教育在校生总数。

测算分析：生均公共财政预算教育事业费＝某一级教育公共财政预算教育事业费支出/该级教育在校生总数。

C46 生均公共财政预算公用经费

定义：生均公共财政预算公用经费是指某一级教育公共财政预算公用经费支出与该级教育在校生总数之比。该指标反映以学生人数平均的公用经费的充足程度，生均公共财政预算公用经费越高，说明该类经费越充足。

适用范围：县（区/镇）级、市级、省级。

数据采集：某学年学生总数，某学年教育公共财政预算公用经费支出。

测算分析：生均公共财政预算公用经费＝某一级教育公共财政预算教育公用经费支出/该级教育在校生总数。

B21 其他教育投入

C47 社会捐赠经费及民办学校中举办者投入占教育总经费的比例

定义：社会捐赠经费及民办学校中举办者投入占教育总经费的比例是指社会捐赠经费和民办学校中举办者投入经费数占教育总经费的百分比。社会捐赠经费是指境内外社会各界及个人对教育的资助和捐赠；民办学校中举办者投入是指办学的单位或公民个人拨给民办学校的办学经费。该指标可监测和评价各地社会力量对教育经费投入的规模情况，该指标值高体现社会力量参与教育投入的积极性高。

适用范围：校级、县（区/镇）级、市级、省级。

数据采集：社会捐赠经费，民办学校举办者投入经费，教育总经费。

测算分析：社会捐赠经费及民办学校中举办者投入占教育总经费的比例＝（社会捐赠经费＋民办学校中举办者投入）/教育总经费×100%。

C48 家庭生均教育负担率

定义：该指标反映家庭对子女教育的重视程度和投入支持水平。教育支出是指教育者家庭为其接受教育而投入的货币资源，包括学杂费、学生因受教育而增加的膳宿、交通、书籍、服装等费用。

适用范围：校级、县（区/镇）级、市级、省级。

数据采集：家庭每年教育支出数额，家庭年度总消费支出额。

测算分析：家庭生均教育负担率是指每生每年教育支出占家庭总消费支出的比例。

A9 治理

定义：该指标主要是对地方政府和学校的教育治理水平进行评估，教育治理从教育法治化水平、政府管理服务水平、现代学校制度水平三方面进行评测。

适用范围：县（区/镇）级、市级、省级。

数据采集与评测：见表3-16，采用如下评分标准从相应区域的教育官方网站上抽取关键信息，并进行统计汇总。

表3-16 治理指标观测与评分标准

二级指标	三级指标	指标描述
B22 法治化建设（2分）	C49 法律法规制定（1分）	完善教育法律法规，推进区域教育法规条例制定，提高地方教育政策法规透明度指数
	C50 法律实施（1分）	全面推进依法行政，大力推进依法治校。健全教育法律实施和监管机制，强调落实
B23 管理服务水平（5分）	C51 统筹规划水平（3分）	加强党对教育工作的全面领导，加强各级各类学校党的领导和党的建设工作。学习贯彻习近平新时代中国特色社会主义思想
		当地党委政府贯彻落实教育优先发展的战略地位，切实把教育发展纳入当地经济社会发展总体规划和战略重点，充分整合当地教育资源，实现统一规划、统一招生政策、统一考核
		制定了科学、合理、可行的教育发展规划，同当地经济社会发展紧密结合，协调发展，适度超前。教育发展规划得到全面落实
	C52 监督评价制度建设（2分）	完善督导制度和监督问责机制，建立并完善教育督导
		建立和完善评估制度，以评促建，不断提高管理办学水平
B24 办学水平（4分）	C53 组织领导（2分）	建有党组织，设有人事、德育、教学、科研、学生、后勤、安全、财务等机构，有工会、妇委会、家长委员会等组织，切实发挥作用
		将政府宏观管理与发挥学校办学自主性结合起来，落实校长负责制，依法自主办学
	C54 章程制度建设（2分）	推进依法治校，依法依规制定学校章程
		学校教育教学、人事、财务、招生、学生管理、后勤保障、安全和卫生等管理制度健全，并得到有效落实

附录

区域教育指标体系

区域教育发展目标	一级指标（A层）	二级指标（B层）	三级观测指标（C层）
深入实施创新驱动发展战略，通过提升信息化和国际化水平，发展中国特色世界先进水平的优质教育	A1 质量	B1 教师队伍	C1 专任教师学历 C2 师德师风考评 C3 生师比
		B2 基本办学设施	C4 生均校舍建筑面积、运动场面积、生均图书册数（幼儿园、中小学）/生均教学行政用房面积、生均教学科研仪器设备值、生均图书册数（高等学校）
		B3 教学质量	C5 教育教学研究 C6 课程教学质量（试验伴生性数据采集）
		B4 学生质量	C7 学生学业成就水平 C8 学生综合素质
	A2 信息化	B5 信息设备配置水平	C9 基础设施 C10 网络空间 C11 信息化应用系统
		B6 数字教育资源	C12 基础性资源 C13 个性化资源 C14 校本资源
		B7 信息资源应用水平	C15 学生应用 C16 教师应用 C17 学校机构应用
	A3 开放与协同	B8 人才吸引	C18 外籍教师和港澳台教师比例 C19 留学生和港澳台学生比例
		B9 人才输出	C20 年度出外留学生比例 C21 年度学生境外研学或研习人次 C22 年度出外访学交流教师比例
		B10 合作共享	C23 合作交流数 C24 与国（境）外定结姊妹学校数 C25 国际参与度
	A4 创新与创业	B11 创新创业成果	C26 创新创业竞赛获奖数 C27 专利发明水平
		B12 创新创业支持与服务	C28 创新创业支持项目情况 C29 创新创业实践基地情况 C30 产学研成果转化水平

续上表

区域教育发展目标	一级指标（A层）	二级指标（B层）	三级观测指标（C层）
推动各级教育普及，实现基本公共教育服务均等化，构建服务全民的终身学习体系	A5 公平	B13 入学机会公平	C31 城乡教育毛入学率差异
		B14 资源分配公平	C32 城乡、公民办学校生师比差异 C33 城乡、公民办学校教师学历差异
		B15 教育结果公平	C34 城乡、公民办学校在校生巩固率差异
	A6 普惠	B16 教育服务均等化	C35 公益普惠性幼儿园占比 C36 义务教育阶段在校生中随迁子女所占比例 C37 入学残疾儿童少年享受15年免费教育的比例 C38 家庭经济困难学生资助比例
		B17 终身教育	C39 终身教育网络资源数 C40 老年大学的学位数 C41 学习型社区建设情况
	A7 规模	B18 教育绝对规模	C42 在校生数
		B19 教育相对规模	C43 每千名学生拥有的学位数
加大保障力度，推进教育治理体系和治理能力现代化	A8 投入	B20 政府教育投入	C44 公共财政预算教育经费占公共财政支出比例 C45 生均公共财政预算教育事业费 C46 生均公共财政预算公用经费
		B21 其他教育投入	C47 社会捐赠经费及民办学校中举办者投入占教育总经费的比例 C48 家庭生均教育负担率
	A9 治理	B22 法治化建设	C49 法律法规制定 C50 法律实施
		B23 管理服务水平	C51 统筹规划水平 C52 监督评价制度建设
		B24 办学水平	C53 组织领导 C54 章程制度建设

第四章 区域教育指标体系权重计算

在区域教育指标体系中，不同的评价指标，对于区域教育发展所起的作用是不相同的。所谓指标权重，就是表示每项评价指标在指标体系中所占的重要性程度，并赋予相应的值，这个数值就叫做对应指标的权数，或叫权重。指标权重是反映了各指标之间的关系，它将各指标联系在一起形成有机的整体，是建立指标体系并利用指标体系进行评价的重要组成部分。指标权重具有导向性，它体现各要素的相对重要性；指标权重具有定量性，它能将同一指标体系中的不同指标进行量化，将重要程度不等的指标赋予其相应的权重；指标权重具有综合性，各指标评价是否合理将直接影响指标体系的评价结果的可靠性和有效性。在区域教育指标体系建设过程中，指标权重的计算和确定是关系着教育治理效能的重要环节，合理的指标权数能够反映区域教育发展中的重点和方向，引导人们在教育工作中抓重点、抓关键，明确薄弱环节，区分主次、轻重缓急，集中精力抓好主要工作，全面安排工作，从而提升政府教育治理的针对性、有效性和前瞻性。

指标权重计算的方法可以归纳为两大类：主观赋权法、客观赋权法。[18]主观赋权法主要通过决策人员和专家的丰富知识和经验，将各种指标之间进行比较、决定权值，最后经过权值计算来确定权重。虽然这类方法的主观随意性较强，但是不受样本数量限制，解释性强且综合权重的排序基本符合实际。客观赋权法是通过数学量化指标间的关系或离散程度来确定权重。此类方法虽然保证权重测定过程的客观性；但是对样本数据的要求较高且易忽略客观实际而造成与事实情况相悖的现象。客观赋值法的常用方法是熵值法，熵值法是一种仅依赖于数据本身的方法。其中熵是一种对不确定性的测量度量，当不确定性越大时熵越大，反之越小。层次分析法（the analytic hierarchy process，简称AHP）是目前较为流行的权重分析方法，AHP方法将定量分析与定性分析结合起来，用决策者的经验判断指标之间的相对重要程度，并给出决策方案中每个指标的权数，利用权数列出各方案的优劣次序。这种方法能够用定量方法展现复杂的层次结构，将决策者的丰富主观逻辑判断和理论分析与客观精确计算相结合，避免仅依靠决策者的主观判断而造成的偏差，提高了决策的可靠性，此外，层层递进的层次结构能够将复杂的指标评价表现得更加清晰。

区域教育指标体系的权重计算过程中，不仅吸纳了传统主客观赋权法还研发了新型混合动态权重模型，使得指标体系更具有灵活性和动态性，以满足区域教育治理的动态需求。首先，项目组将德尔斐法与层次分析法结合使用进行静态性的权重计算，德尔斐法是一种较为实用、可行性较强的方法，这种方法对数据的一致性有较高要求，而层次分析法可以将专家的主观评分和定量分析相融合，所得的权重具有较强的科学性。随后，项目组研发了新型混合式动态权重计算模型，通过基于群组层次分析法的权重计算、动态因素的权重计算以及前人研究权重的权重计算，将多种权重计算方法和结果集成在一个权重模型中，以解决传统单一层次分析法存在的适切性、灵活性不足等问题,这种方法可以满足指标权重动态变化的需要。

第一节 基于德尔斐法和层次分析法的权重计算模型

这一节将介绍如何采用德尔斐法和层次分析法来计算区域教育指标权重,这两种方法的结合适用于静态性的权重计算需要。德尔斐法具有简明性、可靠性和较强的可行性,可以避免会议讨论时产生惧怕权威从而随声附和,或一意孤行或因顾虑情面不愿与他人意见冲突等现象。本项目首先采用德尔斐法征询专家意见,在专家彼此互不知悉、互不讨论的条件下征询专家意见,邀请专家对三级指标进行评价和打分。[19]随后,采用 AHP 层次分析法计算各指标在区域教育指标体系中所占的权重。在应用 AHP 层次分析法时,依据区域教育发展的目标将指标分解为不同组成因素,并按照因素间的相互关联及其隶属关系将因素聚集组合,形成一个多层次的分析结构模型,进而在排序计算中引入 1～9 标度法并形成判断矩阵,通过计算判断矩阵的最大特征值及其对应的特征向量,计算出某一层对于上一层次某一个元素的相对重要性权值,最后,通过综合计算各层因素相对重要性的权值,得到最低层(方案层)相对于最高层(总目标)的相对重要性次序的组合权值。该方法能够较为科学、合理地衡量各指标对于区域教育发展的重要性,为区域教育治理提供参照。

一、德尔斐法的基本原理和特点

德尔斐法把所要预测的问题在专家之间互不讨论的情况下征得专家的意见,把这些意见进行整理、归纳、统计,再匿名反馈给各专家征求意见,随后再一次进行整理归纳反馈给专家,直至得到一致意见。德尔斐法的特点如下:

(1)可行性。可由问卷形式进行,执行方法简单,便于实施。

(2)可靠性。可收集每位专家真实的观点又避免个人的观点受他人影响,从而提高决策的可靠性。

(3)完整性。可减少在征集意见时忽视重要观点,从而提高决策的完整性。

二、层次分析法的基本原理和特点

层次分析法根据问题的性质和要达到的总目标,将问题分解为不同的组成因素,并按照因素间的相互关联影响以及隶属关系将因素按不同层次聚集组合,形成一个多层次的分析结构模型,最终使问题归结为最低层(供决策的方案、措施等)相对于最高层(总目标)的相对重要权值的确定或相对优劣次序的排定。层次分析法的特点如下:

(1)系统性。层次分析法将目标对象看作一套系统,按照分解、比较、判断、综合的思维进行决策。这种系统的思想使得层次分析法中每一层权重的设置都对总体权重的设置有直接或者间接的影响,并且多层次的结构使得评价体系更加清晰，目标过程明确。

（2）实用性。层次分析法将定性与定量方法相结合，将复杂的系统分解，使得赋值过程数学化、系统化，便于理解和接受，且能把多目标、多准则又难以全部量化处理的决策问题化为多层次单目标问题，通过两两比较确定同一层次元素相对上一层次元素的数量关系后进行数学运算。其主客观组合避免了主观赋权产生的较大主观随意性，又避免了客观赋权对数据的约束和绝对客观化而导致与实际情况相悖的问题。

（3）简洁性。层次分析法计算简单且结果明确，既不追求过分高深复杂的数学方法，也不片面地注重行为、推理。计算简便并且所得结果简单明确，容易为决策者了解和掌握，能处理许多传统的优化技术中无法着手的实际问题。

三、层次分析法的模型与方法

（一）建立层次结构模型

层次分析法将问题层次化，即将决策的目标、考虑的因素（决策准则）和决策对象按它们之间的相互关系分为最高层、中间层和最低层，然后绘出层次结构图。最高层包含决策的目的、要解决的问题；最低层是决策时的备选方案；中间层为考虑的因素、决策的准则；相邻的两层，称高层为目标层，低层为因素层。

建立层次结构模型的过程。首先将决策的复杂问题分为3个或多个层次。最高层：最高层是目标层，表示解决问题的目的，即层次分析要达到的总目标；通常情况下只有一个总目标。中间层：中间层是准则层、指标层，表示采取某种措施、政策、方案等实现预定总目标所涉及的中间环节，一般又分为准则层、指标层、策略层、约束层等。最低层：最低层是方案层，表示将选用的解决问题的各种措施、政策、方案等，通常有几个方案可选。层次分析法所要解决的问题是关于最低层对最高层的相对权重问题，按此相对权重可以对最低层中的各种方案、措施进行排序，从而在不同的方案中做出选择或形成选择方案的原则，从而建立层次分析模型图。一个典型的层次结构模型如图4-1所示。

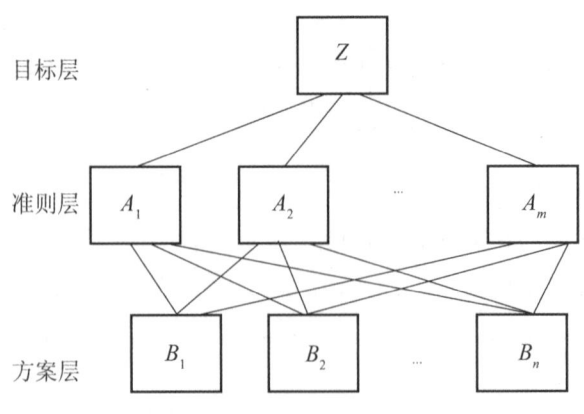

图4-1 层次分析模型

（二）构造判断矩阵

为避免某因子所占比例不易量化，在确认各层次各个因素之间的权重时使用 SAntyd 等人提出的一致性矩阵法。这种方法避免将所有因素放在一起比较，而是两两相互比较，采用相对尺度，以尽可能减少性质不同的诸因素相互比较的困难。

假设有 m 个因素 A_1，A_2，…，A_m 影响目标 A，在 n 个因素中每次选取两个因素，两两进行对目标 A 影响的比较。对影响目标 A 的因素 x_i 与 x_j 比较时，用判断矩阵的 1～9 阵的元素 A_{ij} 标度方法给出表示 x_i 和 x_j 对目标 A 影响程度的比值。如果 x_i 和 x_j 对目标 A 的影响程度的比值是 A_{ij}，那么 x_j 和 x_i 对目标 A 的影响程度的比值是 $1/A_{ij}$。对于判定矩阵元素 A_{ij} 计分标度如表 4-1 所示。

表 4-1 判断矩阵元素 A_{ij} 的计分标度表

标度	含义
1	表示两个因素相比，具有同样重要性
3	表示两个因素相比，具有同样重要性
5	表示两个因素相比，具有同样重要性
7	表示两个因素相比，具有同样重要性
9	表示两个因素相比，具有同样重要性
2，4，6，8	上述相邻判断的中值
倒数	若因素 x_i 与 x_j 的比值为 A_{ij}，则因素 x_j 与 x_i 的比值为 $A_{ji}=1/A_{ij}$

（三）层次单排序及其一致性检验

对于判断矩阵最大特征根 $\lambda_{\max}$ 的特征向量，经归一化（使向量中各元素之和等于1）后记为 W。W 的元素表示为同一层次因素对上一层次某因素相对重要性的排序权值，这一过程称为层次单排序，而能否确认层次单排序，需要进行一致性检验，所谓一致性检验是指对 A 确定不一致的允许范围。由于 $\lambda_{\max}$ 连续依赖于 A_{ij}，$\lambda_{\max}$ 比 n 大得越多，A 的不一致性就越严重。用最大特征值对应的特征向量作为被比较因素对上层某因素影响程度的权向量，其不一致程度越大，引起的判断误差越大。因而可以用 $\lambda_{\max-n}$ 数值的大小来衡量 A 的不一致程度，一致性指标定义如下：

$$CI = \frac{\lambda_{\max} - n}{n - 1} \qquad (4-1)$$

当 $CI=0$ 时，具有完全一致性；当 CI 接近 0 时，有满足的一致性；当 CI 越大，不一致性越严重。

求解 CI 一致性指标的具体过程如下：可用和法 - 取列向量的算数平均求得最大特征根 λ 和特征向量 $w = (w_1, w_2, …, w_n)$。和法 - 取列向量的算数平均过程为：先对向量 A 列向量归一化在算数平均得到 $w = (w_1, w_2, …, w_n)$，由于 $A_w = \lambda_w$，故 $\lambda = Aw/w$；求出矩阵最大特征根 λ 和特征向量 $w = (w_1, w_2, …, w_n)$ 后，再结合公式（4-1）求一致性指标 CI。

为衡量 CI 的大小，引入了随机一致性指标 RI。根据随机一致性指标如表 4-2 所示，求得 RI。最后结合随机一致性比率公式（4-2）算出一致性比率 CR，其中 n 为矩阵阶数。若 $0 < CR < 0.1$ 时，认为矩阵的不一致程度在容许范围内，通过一致性检验，否则需要对矩阵要素进行重新调整。

表 4-2 随机一致性指标 RI 举例

n	1	2	3	4	5	6	7	8	9
RI	0	0	0.58	0.90	1.12	1.24	1.32	1.41	1.45

$$CR = \frac{CI}{RI} \qquad (4-2)$$

（四）层次总排序及其一致性检验

计算某一层次所有因素对于最高层（总目标）相对重要性的权值，称为层次总排序。这一过程是从最高层次到最低层次依次进行的。如图 4-1 所示，A 层中有 m 个因素 A_1，A_2，…，A_m，对总目标 Z 的排序为 a_1，a_2，…，a_m；B 层中有 n 个因素对上层 A 中因素为 A_j 的层次单排序为 b_{1j}，b_{2j}，…，b_{nj}（$j = 1, 2, …, m$）。那么 B 层第 i 个因素对总目标的权值为：$\sum_{i=1}^{m} a_j b_{ij}$。如表 4-3 所示，将权重合成。

表 4-3 权重合成

A B	$A_1 \quad A_2 \cdots A_m$ $a_1 \quad a_2 \cdots a_m$	B 层的层次总排序
B_1	$b_{11} \quad b_{12} \quad b_{1m}$	$\sum_{j=1}^{m} a_j b_{1j} = b_1$
B_2	$b_{21} \quad b_{22} \quad b_{2m}$	$\sum_{j=1}^{m} a_j b_{2j} = b_2$
…	…	…
B_N	$b_{n1} \quad b_{n2} \quad b_{nm}$	$\sum_{j=1}^{m} a_j b_{nj} = b_n$

层次总排序的一致性检验：设 B 层 B_1，B_2，…，B_n 对于上层即 A 层中因素 A（$j = 1, 2, …, m$）的层次单排序的一致性指标为 CI_j，随机一致性值为 RI_j，则层次总排序的一致性比例为：

$$CR = \frac{a_1 CI_1 + a_2 CI_2 + \cdots + a_m CI_m}{a_1 RI_1 + a_2 RI_2 + \cdots + a_m RI_m} \qquad (4-3)$$

当 $CR < 0.1$ 时，认为层次总排序通过一致性检验。层次总排序具有满意的一致性，否则需要重新调整那些一致性比率高的判断矩阵的元素取值。到此，根据最下层（决策层）的层次总排序做出最后决策。

第二节 混合式动态权重计算模型

一、背景与意义

采用德尔斐法和层次分析法来计算指标权重易于施行且有一定的可靠性和科学性，但同时也存在一些问题：

（1）层次分析法所使用的判断矩阵，将专家的打分权重看作同等重要，[20]在实际情况中，不同类型的专家打分往往存在权重不一样的情况。例如，教育专家和一线老师的打分有所差异，因此现有分析方法无法将这种差异统一在模型中。

（2）随着经济社会的发展以及政策环境的变化，区域教育发展的方向和重难点问题也会随之发生变化。同样专家的指标打分在不同时期重要性也会发生改变，这种动态变化无法直接体现于现有的层次分析法中。

（3）前人的文献研究或研究报告中已经存在一些指标的权重计算结果，这些结果是经过专家打分和科学研究而得，汇集了大量专业人士的研究成果和实践经验，这些宝贵积累无法直接引入传统分析方法中。

基于以上问题，本项目提出一种新的混合式权重计算模型，该模型能够很好地解决传统方法中存在的问题，从而更加全面、综合、动态地反映区域教育发展中各项评价指标的重要性程度，使得区域教育治理更具有实效性。

二、混合式动态权重计算模型

混合式权重计算模型如图 4-2 所示，该混合权重计算模型将群组层次分析法得到的权重、打分动态变化得到的权重以及现有研究得到的权重统一集成于一个模型中，并扩展中心一致性指标控制、专家一致性优先排序，最终得到混合模型的综合权重。

（一）基于群组层次分析法的权重计算

由于层次分析法所建立的判断矩阵仍然存在较大的主观性，为了减少主观性带来的偏差，本研究使用群组层次分析法，即将一位专家扩充到来自同一领域但是不同单位的多位专家进行判断矩阵打分。本研究将每个专家看作同等重要赋予相同的常权值。群组层次分析法的分析步骤：建立层次结构模型；专家通过问卷的形式对影响因素进行两两比较并打分；收集每位专家的问卷构建判定矩阵；对每个矩阵进行层次单排序及一致性检验、层次总排序及其一致性检验，确定每一位专家权重；最终计算多位专家权重，从而得到各层元素对总体目标的综合权重，然后将得到的综合权重 ω_{AHP} 集成体现在模型中。

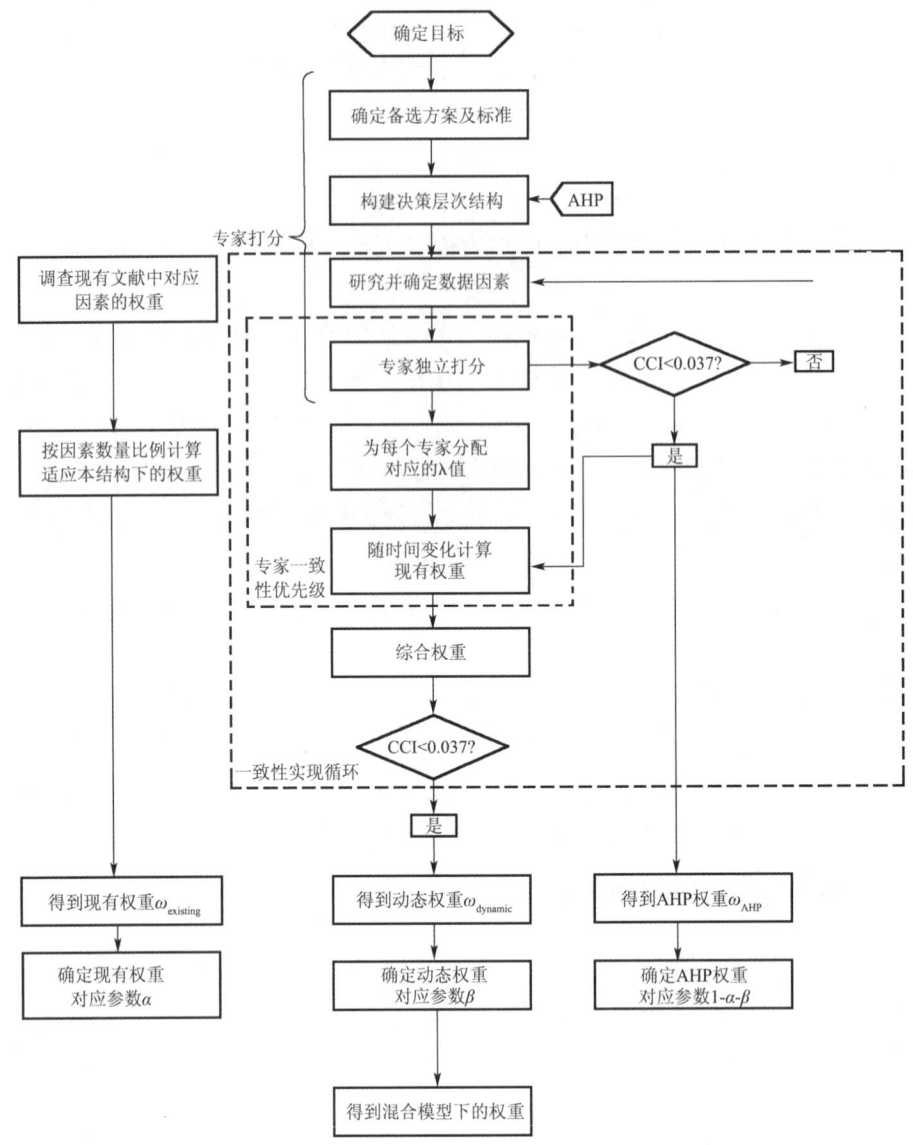

图 4-2 混合式权重计算模型整体框架[21]

(二)基于动态因素的权重计算

传统的群组层次分析法将专家按均等重要程度对待。由于专家分类不同,例如教育专家、地方教育局领导、一线教师等,不同类型专家打分可能对应不同的权重,而且同一类型的专家打分的权威性也不尽相同,因此同一类型专家可能也对应不同的权重。传统的群组层次分析法并不能客观地反映专家的评价能力,因此可以进行计算得到综合权重。如公式(4-4)表示,其中 λ_k 为 lambda 系数,是针对预期的权重矩阵,根据专家不同类型的优先排序,单个聚合矩阵所赋予的权重值。

$$\omega_{\text{differentiation}} = \lambda_k \cdot \omega_{\text{original}}, \quad k = 1, 2, 3, \cdots \quad (4-4)$$

相同指标的专家打分结果可能由于打分的时间差异,其所具有的时效性,随着政策环境、教育发展状况的改变而改变。问卷打分的重要性也随时间发生变化，这都需要在计算权重的过程中体现出来，因此提出公式（4-5），引入时间流逝因素来体现上述动态变化。该公式中，随着时间流逝 T_{elapse}（当前时间距离打分时间的差异）的增加，该用户打分结果的权重 ω_{time} 呈下降趋势（打分权重随时间增加呈现指数型减少），具体流逝时间单位根据项目具体周期而做适当调整。

$$\omega_{time} = e^{-T_{elapse}}, \quad T_{elapse} \geq 0 \quad (4-5)$$

经过专家差异化权重计算和基于时间动态变化的权重计算后，将两个权重再次综合，计算得到最终综合动态权重 $\omega_{dynamic}$，计算方法如公式（4-6）所示。

$$\omega_{dynamic} = \omega_{time} \times \omega_{differentiation} \quad (4-6)$$

（三）基于前人研究权重的动态因素的权重计算

在前人的研究文献或研究报告中，已存在某些权重的测算结果，一些特别相关的权重可以得到重复利用，如《中国教育发展指数》和《新智库指数：中国教育发展指数、创新指数与绿色指数》，可集成体现在本模型中。本模型设置专门的参数 α，将前人研究中的权重 $\omega_{existing}$ 引入，通过另外的参数 β，将动态权重和群组层次分析法得到的权重进行集成，得到最终的权重集 ω_{final}。其中参数可以由专家最终指定，也可以由机器基于数据训练而得，计算如公式（4-7）所示。

$$\omega_{final} = \alpha \times \omega_{existing} + \beta \times \omega_{dynamic} + (1 - \alpha - \beta) \times \omega_{AHP} \quad (4-7)$$

同时，该混合模型进行计算时，引入集合一致性指数的中心一致性指数（CCI），[22] 来控制基于 AHP 方法结果计算的一致性，CCI 的计算如公式（4-8）所示。判断矩阵 $A = (M, L, U)$ 中，L 和 U 表示上下界，M 表示中点，α_{ij} 为矩阵中元素，ω_i、ω_j 为每个专家优先标准的向量。当 CCI(A) 为 0 时，A 是完全一致的。根据国外文献，[23] $n = 3$ 时的阈值为 0.31；$n = 4$ 时的阈值为 0.35，$n > 4$ 时的阈值为 0.37。当计算得到的 CCI 值小于这些阈值时，表示这个矩阵是一致的。

$$CCI(A) = \frac{2}{(n-1) \times (n-2)} \times$$

$$\sum_{i<j} (\log(\frac{\alpha_{Lij} + \alpha_{Mij} + \alpha_{Uij}}{3}) - \log(\frac{\omega_{Li} + \omega_{Mi} + \omega_{Ui}}{3}) + \log(\frac{\omega_{Lj} + \omega_{Mj} + \omega_{Uj}}{3}))^2 \quad (4-8)$$

三、实际情况的特殊处理

我国学校由于种种原因，在办学规模、师资力量、学科建设等方面存在差异。考虑到教育治理指标体系的单一化与学校类型多样化矛盾，即不同类型的学校在评估指标上可能具有一定的差异。例如，"创新创业成果"多用于评价高等教育发展状况，而学前教育阶段不具有适用性，对应的指标值为 0。考虑到此类实际情况，在具体应用过程中，我们将利用混合模型计算出来的指标体系分别与学校类型对应，将对应指标的权重进行相应的规范化（normalization）操作，使得在权重相对比例不变的情况下，整体的权重之和为 100%，因此可以对某一种类型的学校进行教育发展状况的评估，也可以对多种类型的学校进行混合式的综合评估。

第三节 面向区域教育指标体系的权重计算

本节以德尔斐法和层次分析法为基础,探索面向区域教育指标体系的权重计算实践,具体过程如下。

一、构建层次分析图

通过对区域教育指标体系详细的分析,将区域教育指标体系层次化。首先将区域教育指标体系分为 3 个层次:目标层是区域教育。准则层分为质量、信息化、开放与协同、创新与创业、公平、普惠、规模、投入和治理 9 个指标。方案层分为教师队伍、基本办学设施、教学质量、学生质量、信息化配置水平、教学教育资源、信息技术应用水平、人才吸引、人才输出、合作共享、创新精神与能力、创新创业成果、创业支持与服务、入学机会公平、资源分配公平、教育结果公平、教育服务均等化、终身教育、教育绝对规模、教育相对规模、政府教育投入、社会教育投入、法制化建设、管理服务水平和办学水平 25 个指标。相应地,设 A 为总目标,准则层中 B($B_1 - B_9$)为第 1 层因素,方案层中 P($P_1 - P_{25}$)为第 2 层因素,根据其相关关系,初步层次模型设计如图 4-3 所示。

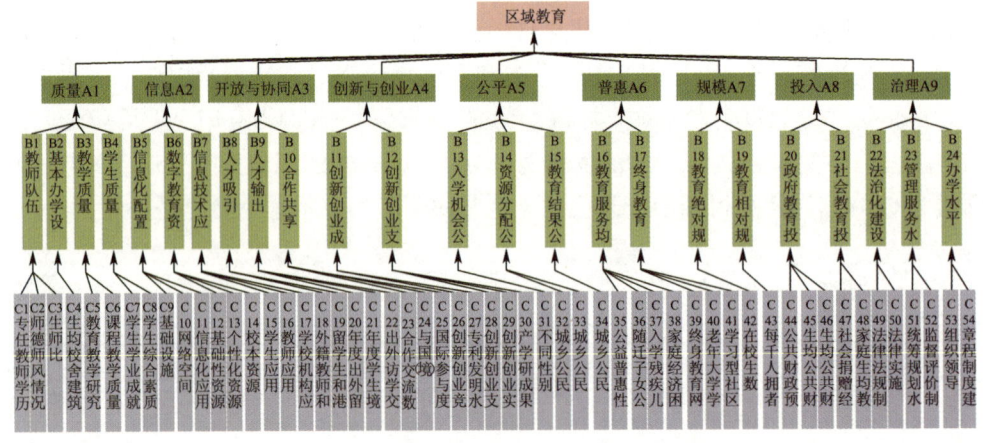

图 4-3 区域教育治理体系层次模型设计

二、层次分析法的问卷设计

调查问卷设计的目的在于确定区域教育中各影响因素之间相对权重。调查问卷基于影响因素,根据层次分析法的形式设计,其核心方法是在同一个层次对影响因素重要性进行两两比较。衡量尺度划分为 9 个等级,其中 9、7、5、3、1 的数值分别对应绝对重要、十分重要、比较重要、稍微重要、同样重要,8、6、4、2 表示重要程度介于相邻的两个等级之间。靠左边的等级单元格表示左列因素比右列因素重要,靠右边的等级单元格表示右列因素比左列因素重要。以下为第 2 层因素的问卷设计。

请评估"区域教育"第 2 层因素的相对重要性。

因素	说明
质量	
信息化	
开放与协同	
创新与创业	
公平	
普惠	
规模	
投入	
治理	

请对下列各组要素对于"区域教育"的相对重要性进行两两比较。

A	重要性比较																	B
质量	9	8	7	6	5	4	3	2	1	2	3	4	5	6	7	8	9	信息化
质量	9	8	7	6	5	4	3	2	1	2	3	4	5	6	7	8	9	开放与协同
质量	9	8	7	6	5	4	3	2	1	2	3	4	5	6	7	8	9	创新与创业
质量	9	8	7	6	5	4	3	2	1	2	3	4	5	6	7	8	9	公平
质量	9	8	7	6	5	4	3	2	1	2	3	4	5	6	7	8	9	普惠
质量	9	8	7	6	5	4	3	2	1	2	3	4	5	6	7	8	9	规模
质量	9	8	7	6	5	4	3	2	1	2	3	4	5	6	7	8	9	投入
质量	9	8	7	6	5	4	3	2	1	2	3	4	5	6	7	8	9	治理
信息化	9	8	7	6	5	4	3	2	1	2	3	4	5	6	7	8	9	开放与协同
信息化	9	8	7	6	5	4	3	2	1	2	3	4	5	6	7	8	9	创新与创业
信息化	9	8	7	6	5	4	3	2	1	2	3	4	5	6	7	8	9	公平
信息化	9	8	7	6	5	4	3	2	1	2	3	4	5	6	7	8	9	普惠
信息化	9	8	7	6	5	4	3	2	1	2	3	4	5	6	7	8	9	规模
信息化	9	8	7	6	5	4	3	2	1	2	3	4	5	6	7	8	9	投入
信息化	9	8	7	6	5	4	3	2	1	2	3	4	5	6	7	8	9	治理

续上表

A	重要性比较																	B
开放与协同	9	8	7	6	5	4	3	2	1	2	3	4	5	6	7	8	9	创新与创业
开放与协同	9	8	7	6	5	4	3	2	1	2	3	4	5	6	7	8	9	公平
开放与协同	9	8	7	6	5	4	3	2	1	2	3	4	5	6	7	8	9	普惠
开放与协同	9	8	7	6	5	4	3	2	1	2	3	4	5	6	7	8	9	规模
开放与协同	9	8	7	6	5	4	3	2	1	2	3	4	5	6	7	8	9	投入
开放与协同	9	8	7	6	5	4	3	2	1	2	3	4	5	6	7	8	9	治理
创新与创业	9	8	7	6	5	4	3	2	1	2	3	4	5	6	7	8	9	公平
创新与创业	9	8	7	6	5	4	3	2	1	2	3	4	5	6	7	8	9	普惠
创新与创业	9	8	7	6	5	4	3	2	1	2	3	4	5	6	7	8	9	规模
创新与创业	9	8	7	6	5	4	3	2	1	2	3	4	5	6	7	8	9	投入
创新与创业	9	8	7	6	5	4	3	2	1	2	3	4	5	6	7	8	9	治理
公平	9	8	7	6	5	4	3	2	1	2	3	4	5	6	7	8	9	普惠
公平	9	8	7	6	5	4	3	2	1	2	3	4	5	6	7	8	9	规模
公平	9	8	7	6	5	4	3	2	1	2	3	4	5	6	7	8	9	投入
公平	9	8	7	6	5	4	3	2	1	2	3	4	5	6	7	8	9	治理
普惠	9	8	7	6	5	4	3	2	1	2	3	4	5	6	7	8	9	规模
普惠	9	8	7	6	5	4	3	2	1	2	3	4	5	6	7	8	9	投入
普惠	9	8	7	6	5	4	3	2	1	2	3	4	5	6	7	8	9	治理
规模	9	8	7	6	5	4	3	2	1	2	3	4	5	6	7	8	9	投入
规模	9	8	7	6	5	4	3	2	1	2	3	4	5	6	7	8	9	治理
投入	9	8	7	6	5	4	3	2	1	2	3	4	5	6	7	8	9	治理

请评估"质量"的相对重要性。

因素	说明
教师队伍	
基本办学设施	
教学质量	
学生质量	

请对下列各组要素对于"区域教育发展"的相对重要性进行两两比较。

A	重要性比较																	B
教师队伍	9	8	7	6	5	4	3	2	1	2	3	4	5	6	7	8	9	基本办学设施
教师队伍	9	8	7	6	5	4	3	2	1	2	3	4	5	6	7	8	9	教学质量
教师队伍	9	8	7	6	5	4	3	2	1	2	3	4	5	6	7	8	9	学生质量
基本办学设施	9	8	7	6	5	4	3	2	1	2	3	4	5	6	7	8	9	教学质量
基本办学设施	9	8	7	6	5	4	3	2	1	2	3	4	5	6	7	8	9	学生质量
教学质量	9	8	7	6	5	4	3	2	1	2	3	4	5	6	7	8	9	学生质量

请评估"信息化"的相对重要性。

因素	说明
信息化配置水平	
数字教育资源	
信息技术应用水平	

请对下列各组要素对于"信息化"的相对重要性进行两两比较。

A	重要性比较																	B
信息化配置水平	9	8	7	6	5	4	3	2	1	2	3	4	5	6	7	8	9	数字教育资源
信息化配置水平	9	8	7	6	5	4	3	2	1	2	3	4	5	6	7	8	9	信息技术应用水平
数字教育资源	9	8	7	6	5	4	3	2	1	2	3	4	5	6	7	8	9	信息技术应用水平

请评估"开放与协同"的相对重要性。

因素	说明
人才吸引	
人才输出	
合作共享	

请对下列各组要素对于"开放与协同"的相对重要性进行两两比较。

A	重要性比较																	B
人才吸引	9	8	7	6	5	4	3	2	1	2	3	4	5	6	7	8	9	人才输出
人才吸引	9	8	7	6	5	4	3	2	1	2	3	4	5	6	7	8	9	合作共享
人才输出	9	8	7	6	5	4	3	2	1	2	3	4	5	6	7	8	9	合作共享

请评估"创新与创业"的相对重要性。

因素	说明
创新精神与能力	
创新创业成果	
创业支持与服务	

请对下列各组要素对于"创新与创业"的相对重要性进行两两比较。

A	重要性比较																	B
创新精神与能力	9	8	7	6	5	4	3	2	1	2	3	4	5	6	7	8	9	创新创业成果
创新精神与能力	9	8	7	6	5	4	3	2	1	2	3	4	5	6	7	8	9	创业支持与服务
创新创业成果	9	8	7	6	5	4	3	2	1	2	3	4	5	6	7	8	9	创业支持与服务

请评估"公平"的相对重要性。

因素	说明
入学机会公平	
资源分配公平	
教育结果公平	

请对下列各组要素对于"公平"的相对重要性进行两两比较。

A	重要性比较																	B
入学机会公平	9	8	7	6	5	4	3	2	1	2	3	4	5	6	7	8	9	资源分配公平
入学机会公平	9	8	7	6	5	4	3	2	1	2	3	4	5	6	7	8	9	教育结果公平
资源分配公平	9	8	7	6	5	4	3	2	1	2	3	4	5	6	7	8	9	教育结果公平

请评估"普惠"的相对重要性。

因素	说明
教育服务均等化	
终身教育	

请对下列各组要素对于"普惠"的相对重要性进行两两比较。

A	重要性比较																	B
教育服务均等化	9	8	7	6	5	4	3	2	1	2	3	4	5	6	7	8	9	终身教育

请评估"规模"的相对重要性。

因素	说明
教育绝对规模	
教育相对规模	

请对下列各组要素对于"规模"的相对重要性进行两两比较。

A	重要性比较																	B
教育绝对规模	9	8	7	6	5	4	3	2	1	2	3	4	5	6	7	8	9	教育相对规模

请评估"投入"的相对重要性。

因素	说明
政府教育投入	
社会教育投入	

请对下列各组要素对于"投入"的相对重要性进行两两比较。

A	重要性比较																	B
政府教育投入	9	8	7	6	5	4	3	2	1	2	3	4	5	6	7	8	9	社会教育投入

请评估"治理"的相对重要性。

因素	说明
法制化建设	
管理服务水平	
办学水平	

请对下列各组要素对于"治理"的相对重要性进行两两比较。

A	重要性比较																	B
法制化建设	9	8	7	6	5	4	3	2	1	2	3	4	5	6	7	8	9	管理服务水平
法制化建设	9	8	7	6	5	4	3	2	1	2	3	4	5	6	7	8	9	办学水平
管理服务水平	9	8	7	6	5	4	3	2	1	2	3	4	5	6	7	8	9	办学水平

三、构建判断矩阵

面向专家或其他不同类型的用户发起问卷调查,根据其专业知识对影响区域教育治理的各指标进行对比打分,根据打分结果构建判断矩阵,示例结果见表4-4～表4-13。

表4-4　$B—A$ 判断矩阵

A	B_1	B_2	B_3	B_4	B_5	B_6	B_7	B_8	B_9
B_1	1	1	2	3	1/4	2	3	1/2	4
B_2	1	1	6	2	2	2	4	2	7
B_3	1/2	1/6	1	1	1/3	1	1/2	1/3	2
B_4	1/3	1/2	1	1	1/5	1	2	1/3	1
B_5	4	1/2	3	5	1	2	2	3	6
B_6	1/2	1/2	1	1	1/2	1	1/3	1	4
B_7	1/3	1/4	2	1/2	1/2	3	1	1	4
B_8	2	1/2	3	3	1/3	1	1	1	3
B_9	1/4	1/7	1/2	1	1/6	1/4	1/4	1/3	1

表4-5　$P—B_1$ 判断矩阵

B_1	P_1	P_2	P_3	P_4
P_1	1	1/2	1/2	2
P_2	2	1	2	3
P_3	2	1/2	1	5
P_4	1/2	1/3	1/5	1

表4-6 $P—B_2$ 判断矩阵

B_2	P_5	P_6	P_7
P_5	1	1	2
P_6	1	1	4
P_7	1/2	1/4	1

表4-7 $P—B_3$ 判断矩阵

B_3	P_8	P_9	P_{10}
P_8	1	3	2
P_9	1/3	1	1/3
P_{10}	1/2	3	1

表4-8 $P—B_4$ 判断矩阵

B_4	P_{11}	P_{12}	P_{13}
P_{11}	1	1/5	2
P_{12}	5	1	5
P_{13}	1/2	1/5	1

表4-9 $P—B_5$ 判断矩阵

B_5	P_{14}	P_{15}	P_{16}
P_{14}	1	1	4
P_{15}	1	1	2
P_{16}	1/4	1/2	1

表4-10 $P—B_6$ 判断矩阵

B_6	P_{17}	P_{18}
P_{17}	1	1/5
P_{18}	5	1

表4-11 $P—B_7$ 判断矩阵

B_7	P_{19}	P_{20}
P_{19}	1	3
P_{20}	1/3	1

表 4–12　$P—B_8$ 判断矩阵

B_8	P_{21}	P_{22}
P_{21}	1	2
P_{22}	1/2	1

表 4–13　$P—B_9$ 判断矩阵

B_9	P_{23}	P_{24}	P_{25}
P_{23}	1	3	4
P_{24}	1/3	1	2
P_{25}	1/4	1/2	1

四、矩阵求解

（1）对表 4–13 进行归一化处理，用和法求其特征向量（归一化处理后）得：

$W_1 = (0.1315, 0.2186, 0.0515, 0.0645, 0.2135, 0.0818, 0.0914, 0.1170, 0.0302)$

$W_2 = (0.1757, 0.4077, 0.3244, 0.0922)$

$W_3 = (0.3764, 0.4742, 0.1494)$

$W_4 = (0.5278, 0.1396, 0.3325)$

$W_5 = (0.1786, 0.7089, 0.1125)$

$W_6 = (0.4742, 0.3764, 0.1494)$

$W_7 = (0.1667, 0.8333)$

$W_8 = (0.7500, 0.2500)$

$W_9 = (0.6667, 0.3333)$

$W_{10} = (0.6250, 0.2385, 0.1365)$

（2）一致性检验：

由于表 4–10、表 4–11、表 4–12 是二阶矩阵，具有完全一致性，因此不需要一致性检验。

表 4–4 $B-A$ 矩阵：$\lambda_{max} = 10.0157$，

$CI = 0.1270$，$RI = 1.46$，$CR = CI/RI = 0.0870 < 0.10$

表 4–5 $P-B_1$ 矩阵：$\lambda_{max} = 4.1319$，

$CI = 0.0440$，$RI = 0.89$，$CR = CI/RI = 0.0494 < 0.10$

表 4–6 $P-B_2$ 矩阵：$\lambda_{max} = 3.0536$，

$CI = 0.0268$，$RI = 0.52$，$CR = CI/RI = 0.0516 < 0.10$

表 4–7 $P-B_3$ 矩阵：$\lambda_{max} = 3.0536$，

$CI = 0.0268$，$RI = 0.52$，$CR = CI/RI = 0.0516 < 0.10$

表 4–8 $P-B_4$ 矩阵：$\lambda_{max} = 3.0536$，

$CI = 0.0268$，$RI = 0.52$，$CR = CI/RI = 0.0516 < 0.10$

表 4 – 9 $P - B_5$ 矩阵：$\lambda_{max} = 3.0536$，
$CI = 0.0268$，$RI = 0.52$，$CR = CI/RI = 0.0516 < 0.10$

表 4 – 13 $P - B_9$ 矩阵：$\lambda_{max} = 3.0183$，
$CI = 0.00915$，$RI = 0.52$，$CR = CI/RI = 0.0176 < 0.10$

（3）计算 A 类指标下各 B 类指标 P_i（$i = 1, 2, 3, \cdots, 25$）的得分。

指标—质量：

$P_1 = 0.1757 \times 0.1315 = 0.0231$

$P_2 = 0.4077 \times 0.1315 = 0.0536$

$P_3 = 0.3244 \times 0.1315 = 0.0427$

$P_4 = 0.0922 \times 0.1315 = 0.0121$

指标—信息化：

$P_5 = 0.3764 \times 0.2186 = 0.0823$

$P_6 = 0.4742 \times 0.2186 = 0.1037$

$P_7 = 0.1494 \times 0.2186 = 0.0327$

指标—开放与协同：

$P_8 = 0.5278 \times 0.0515 = 0.0272$

$P_9 = 0.1396 \times 0.0515 = 0.0072$

$P_{10} = 0.3325 \times 0.0515 = 0.0171$

指标—创新与创业：

$P_{11} = 0.1786 \times 0.0645 = 0.0115$

$P_{12} = 0.7089 \times 0.0645 = 0.0457$

$P_{13} = 0.1125 \times 0.0645 = 0.0073$

指标—公平：

$P_{14} = 0.4742 \times 0.2135 = 0.1013$

$P_{15} = 0.3764 \times 0.2135 = 0.0804$

$P_{16} = 0.1494 \times 0.2135 = 0.0319$

指标—普惠：

$P_{17} = 0.1667 \times 0.0818 = 0.0136$

$P_{18} = 0.8333 \times 0.0818 = 0.0681$

指标—规模：

$P_{19} = 0.7500 \times 0.0914 = 0.0685$

$P_{20} = 0.2500 \times 0.0914 = 0.0228$

指标—投入：

$P_{21} = 0.6667 \times 0.1170 = 0.0780$

$P_{22} = 0.3333 \times 0.1170 = 0.0390$

指标—治理：

$P_{23} = 0.6250 \times 0.0302 = 0.0189$

$P_{24} = 0.2385 \times 0.0302 = 0.0072$

$P_{25} = 0.1365 \times 0.0302 = 0.0041$

（4）计算各 B 类指标的得分。

教师队伍 $P_1 = 0.0231$

基本办学设施 $P_2 = 0.0536$

教学质量 $P_3 = 0.0427$

学生质量 $P_4 = 0.0121$

信息化配置水平 $P_5 = 0.0823$

数字教育资源 $P_6 = 0.1037$

信息技术应用水平 $P_7 = 0.0327$

人才吸引 $P_8 = 0.0272$

人才输出 $P_9 = 0.0072$

合作共享 $P_{10} = 0.0171$

创新创业成果 $P_{11} = 0.0457$

创业支持与服务 $P_{12} = 0.0073$

入学机会公平 $P_{13} = 0.1013$

资源分配公平 $P_{14} = 0.0804$

教育结果公平 $P_{15} = 0.0319$

教育服务均等化 $P_{16} = 0.0136$

终身教育 $P_{17} = 0.0681$

教育绝对规模 $P_{18} = 0.0685$

教育相对规模 $P_{19} = 0.0228$

政府教育投入 $P_{20} = 0.0780$

社会教育投入 $P_{21} = 0.0390$

法制化建设 $P_{22} = 0.0189$

管理服务水平 $P_{23} = 0.0072$

办学水平 $P_{24} = 0.0041$

五、权重结果

此权重结果结合了专家打分后权重结果和前人的权重结果，最后进行总的权重归一化。专家打分后结果见表 4-14 ～ 表 4-16。

表 4-14　专家打分结果—A 类指标（准则层）

准则层要素	权重
A8 投入	0.2331
A1 质量	0.2103
A9 治理	0.1419
A5 公平	0.1295

续上表

准则层要素	权重
A7 规模	0.0803
A6 普惠	0.0641
A3 开放与协同	0.0598
A4 创新与创业	0.0447
A2 信息化	0.0363

表4-15 专家打分结果—B类指标（准则层）

准则层要素	权重
B20 政府教育投入	0.7707
B16 教育服务均等化	0.7642
B19 教育相对规模	0.6888
B8 人才吸引	0.5217
B12 创新创业支持	0.5006
B11 创新创业成果	0.4994
B6 数字教育资源	0.4630
B10 合作共享	0.3807
B24 办学水平	0.3740
B13 入学机会公平	0.3641
B4 学生质量	0.3434
B23 管理服务水平	0.3401
B15 教育结果公平	0.3292
B18 教育绝对规模	0.3112
B14 资源分配公平	0.3067
B7 信息技术应用水平	0.2996
B22 法治化建设	0.2858
B1 教师队伍	0.2762
B3 教学质量	0.2747
B5 信息化配置水平	0.2374
B17 终身教育	0.2358
B21 社会教育投入	0.2293
B2 基本办学设施	0.1056
B9 人才输出	0.0978

表 4-16 专家打分结果—C 类指标（方案层）

备选方案	权重
C45 生均公共财政预算教育事业费	0.0691
C46 生均公共财政预算公用经费	0.0673
C43 每千人拥有的学位数	0.0553
C8 学生综合素质	0.0477
C31 不同性别、城乡的教育毛入学率差异	0.0471
C44 公共财政预算教育经费占公共财政支出比例	0.0432
C34 城乡、公民办学校在校生巩固率差异	0.0426
C6 课程教学质量（拟试验伴生性数据采集）	0.0400
C48 家庭生均教育负担率	0.0330
C54 章程制度建设	0.0327
C2 师德师风情况	0.0279
C52 监督评价制度建设	0.0274
C33 城乡、公民办学校教师学历差异	0.0263
C42 在校生数	0.0250
C50 法律实施	0.0246
C7 学生学业成就水平	0.0246
C4 生均校舍建筑面积、运动场面积、生均图书册数（幼儿园、中小学）/ 生均教学行政用房面积、生均教学科研仪器设备值、生均图书册数（高等学校）	0.0222
C51 统筹规划水平	0.0208
C47 社会捐赠经费及民办学校中举办者投入占教育总经费的比例	0.0204
C53 组织领导	0.0204
C5 教育教学研究	0.0189
C18 外籍教师和港澳台教师比例	0.0186
C36 随迁子女公办学校就学比例	0.0181
C1 专任教师学历	0.0168
C35 公益普惠性幼儿园占比	0.0160
C49 法律法规制定	0.0159
C32 城乡、公民办学校生师比差异	0.0134
C27 专利发明水平	0.0132
C19 留学生和港澳台学生比例	0.0126
C3 生师比	0.0121

续上表

备选方案	权重
C30 产学研成果转化水平	0.0105
C26 创新创业竞赛获奖数	0.0092
C25 国际参与度	0.0081
C12 基础性资源	0.0078
C38 家庭经济困难学生资助比例	0.0075
C23 合作交流数	0.0074
C37 入学残疾儿童享受 15 年免费教育的比例	0.0073
C28 创新创业支持项目情况	0.0073
C24 与国（境）外定结姊妹学校数	0.0072
C39 终身教育网络资源数	0.0063
C41 学习型社区建设情况	0.0058
C16 教师应用	0.0048
C14 校本资源	0.0047
C29 创新创业实践基地情况	0.0046
C15 学生应用	0.0045
C13 个性化资源	0.0043
C9 基础设施	0.0041
C40 老年大学学位数	0.0030
C11 信息化应用系统	0.0030
C22 出外访学交流教师比例	0.0020
C20 年度出外留学生比例	0.0020
C21 年度学生境外研学或研习人次	0.0019
C17 学校机构应用	0.0016
C10 网络空间	0.0016

前人经过研究得到的权重结果见表 4–17、表 4–18 所示。

表 4–17 前人研究结果—A 类指标（准则层）

准则层要素	权重
A8 投入	0.2114
A1 质量	0.2116
A4 创新与创业	0.1090
A6 普惠	0.1027

续上表

准则层要素	权重
A9 治理	0.1024
A5 公平	0.0993
A2 信息化	0.0629
A7 规模	0.0523
A3 开放与协同	0.0455

表4-18 前人研究结果—B类指标（准则层）

准则层要素	权重
B20 政府教育投入	0.7707
B16 教育服务均等化	0.7642
B19 教育相对规模	0.7000
B8 人才吸引	0.5217
B12 创新创业支持	0.5006
B11 创新创业成果	0.4994
B6 数字教育资源	0.4630
B10 合作共享	0.3807
B24 办学水平	0.3740
B13 入学机会公平	0.3641
B4 学生质量	0.3434
B23 管理服务水平	0.3401
B15 教育结果公平	0.3292
B14 资源分配公平	0.3067
B18 教育绝对规模	0.3000
B7 信息技术应用水平	0.2996
B22 法治化建设	0.2858
B1 教师队伍	0.2762
B3 教学质量	0.2747
B5 信息化配置水平	0.2374
B17 终身教育	0.2358
B21 社会教育投入	0.2293
B2 基本办学设施	0.1056
B9 人才输出	0.0978

结合专家打分后分析出来的结果权重和前人所得结果权重得到总的权重进行归一化得到最终结果,此结果由专家打分计算值与前人计算值取均值得出,结果见表 4-19 ~ 表 4-21。

表 4-19 整合结果—A 类指标(准则层)

准则层要素	权重
A8 投入	0.2114
A1 质量	0.2116
A4 创新与创业	0.1090
A6 普惠	0.1027
A9 治理	0.1024
A5 公平	0.0993
A2 信息化	0.0629
A7 规模	0.0523
A3 开放与协同	0.0455

表 4-20 整合结果—B 类指标(准则层)

准则层要素	权重
B20 政府教育投入	0.7707
B16 教育服务均等化	0.7642
B19 教育相对规模	0.6944
B8 人才吸引	0.5217
B12 创新创业支持	0.5006
B11 创新创业成果	0.4994
B6 数字教育资源	0.4630
B10 合作共享	0.3807
B24 办学水平	0.3740
B13 入学机会公平	0.3641
B4 学生质量	0.3434
B23 管理服务水平	0.3401
B15 教育结果公平	0.3292
B14 资源分配公平	0.3067
B18 教育绝对规模	0.3056
B7 信息技术应用水平	0.2996
B22 法治化建设	0.2858

续上表

准则层要素	权重
B1 教师队伍	0.2762
B3 教学质量	0.2747
B5 信息化配置水平	0.2374
B17 终身教育	0.2358
B21 社会教育投入	0.2293
B2 基本办学设施	0.1056
B9 人才输出	0.0978

表 4-21　整合结果—C 类指标（方案层）

备选方案	权重
C45 生均公共财政预算教育事业费	0.0610
C46 生均公共财政预算公用经费	0.0595
C8 学生综合素质	0.0460
C26 创新创业竞赛获奖数	0.0422
C44 公共财政预算教育经费占公共财政支出比例	0.0382
C6 课程教学质量（拟试验伴生性数据采集）	0.0380
C43 每千人拥有的学位数	0.0348
C31 不同性别、城乡的教育毛入学率差异	0.0347
C34 城乡、公民办学校在校生巩固率差异	0.0314
C27 专利发明水平	0.0308
C48 家庭生均教育负担率	0.0292
C36 随迁子女公办学校就学比例	0.0278
C2 师德师风情况	0.0275
C30 产学研成果转化水平	0.0246
C35 公益普惠性幼儿园占比	0.0246
C7 学生学业成就水平	0.0237
C54 章程制度建设	0.0227
C4 生均校舍建筑面积、运动场面积、生均图书册数（幼儿园、中小学）／生均教学行政用房面积、生均教学科研仪器设备值、生均图书册数（高等学校）	0.0214
C33 城乡、公民办学校教师学历差异	0.0194
C52 监督评价制度建设	0.0190

续上表

备选方案	权重
C47 社会捐赠经费及民办学校中举办者投入占教育总经费的比例	0.0180
C5 教育教学研究	0.0179
C28 创新创业支持项目情况	0.0171
C50 法律实施	0.0170
C1 专任教师学历	0.0166
C42 在校生数	0.0348
C51 统筹规划水平	0.0144
C53 组织领导	0.0141
C18 外籍教师和港澳台教师比例	0.0135
C12 基础性资源	0.0129
C3 生师比	0.0120
C38 家庭经济困难学生资助比例	0.0115
C37 入学残疾儿童享受15年免费教育的比例	0.0113
C49 法律法规制定	0.0110
C29 创新创业实践基地情况	0.0107
C32 城乡、公民办学校生师比差异	0.0098
C39 终身教育网络资源数	0.0096
C19 留学生和港澳台学生比例	0.0092
C41 学习型社区建设情况	0.0089
C16 教师应用	0.0080
C14 校本资源	0.0079
C15 学生应用	0.0074
C13 个性化资源	0.0072
C9 基础设施	0.0068
C25 国际参与度	0.0059
C23 合作交流数	0.0054
C24 与国（境）外定结姊妹学校数	0.0053
C11 信息化应用系统	0.0050
C40 老年大学学位数	0.0047
C17 学校机构应用	0.0026
C10 网络空间	0.0026
C22 出外访学交流教师比例	0.0015
C20 年度出外留学生比例	0.0015
C21 年度学生境外研学或研习人次	0.0014

第四节 小结与展望

权重计算是区域教育指标体系构建中的关键步骤,对教育治理有重要的参照作用。本章首先介绍了国内外指标体系权重测算方法的分类和特点,以此提出了将德尔斐法与层次分析法结合的混合主客观结合赋权法。进而介绍了指标体系权重计算模型的德尔斐法和层次分析法的基本原理和特点,重点描述了层次分析法的模型与方法,包括建立层次结构模型、构造判断矩阵、层次单排序及其一致性检验,层次总排序及其一致性检验。最后,结合区域教育治理指标体系,构建了对应的层次分析图和判断矩阵,并对矩阵进行求解,得到区域教育指标体系中各级指标的权重值。

应当指出,随着区域教育治理大数据平台的构建和数据的集成汇总,基于大数据构建的区域教育指标体系需要进行动态调整以适应真实数据。同时,在不同的应用场景下评价指标体系也需要进行动态调整或生成。本项目提出了一种数据驱动的面向区域教育治理的混合式权重计算方法,通过基于群组层次分析法的权重计算、基于动态因素的权重计算、基于前人研究权重的动态因素的权重计算,将多种权重计算方法和结果集成在一个模型中。未来,项目组还将对该混合模型进行改进,重点扩展对增量式动态数据的适应性,即在数据变化时,可以通过定时数据抽样,基于抽样数据进行算法辅助的自动指标权重计算,经专家审核计算结果后对区域教育评价模型进行更新。同时,当应用场景切换时,可以根据新数据进行算法辅助生成新的教育评价模型,以适应区域教育发展的需要,使指标体系更具灵活性和前瞻性。

第五章　大数据与区域教育监测评价

教育监测是针对教育教学效果或者针对学生各方面的发展予以测量和描述的过程，旨在获得一定说服力的数量事实，是一种以量化为主要特征的事实判断。教育评价是根据教育监测的结果，根据教育发展目标和评价标准，对教育事务或现象的价值进行分析和判断的过程。教育监测可以为教育评价提供价值判断的基本数量事实，是教育评价的基础，而教育评价是教育监测的延续，是对结果的解释和应用，并使其朝着释放教育功能的方向拓展。因此，教育监测与教育评价经常放在一起使用。传统的教育监测评价主要依赖填写报表、抽样问卷、考试测验等方式获取数据，这些方式容易出现代表性不足、实效性不强、客观性不够等问题。随着信息技术的蓬勃发展，以容量大、类型多、存取速度快、应用价值高为主要特征的大数据已成为国家基础性战略资源。大数据将成为教育监测评价的重要手段，有助于明晰区域教育发展情况，诊断发展过程中存在的问题，是提升区域教育治理能力的重要抓手。本节介绍了面向区域教育治理的大数据的采集、存储技术、预处理技术，数据分析和挖掘分析的技术以及数据可视化技术，这些技术的应用有助于提高区域教育监测评价的科学性、准确性和实效性。

第一节　教育大数据概述

大数据是人们活动行为的实时、真实记录。教育系统的大数据主要包括了教育教学过程中留下的行为和活动等各类数据，这些记录会实时地和如实地被记录汇集。大数据与传统数据的主要区别体现在信息采集的方式以及对数据的应用上，传统的调查数据中的很多概念是研究者建构出来的，受人类记忆、偏好和情感的干扰，调查内容常常是靠教师和学生的主观自评和不准确的记忆获得的，于是研究者始终会挣扎于所获数据的准确性和可靠性。而大数据下可以通过视频、语音的方式记录学生行为，以反映教育教学的真实情况。

一、教育大数据研究分类

教育大数据的研究可以分为四大类：[24]基础理论研究类、分析模型构建研究类、关键技术与方法研究类、应用研究类。

（一）基础理论研究类

基础理论研究主要从理论方面探索教育大数据的本质问题。孙洪涛等[25]提出为了深入分析教育大数据发展，需从大数据技术的最新进展入手，通过教育领域大数据构成与特征的分析，对教育大数据的含义进行了解析。李振等[26]也提出目前教育大数据的基础理论研究较为薄弱，研究主题主要关注教育大数据的概念和潜在价值以及发展教育大数据的可行性，尚未形成较为完备的教育大数据理论体系。为适应教育大数据发展的需要，需深入开展基础理论研究，构建起完整全面的教育大数据理论框架体系。金生鈜[27]指出以数据为本的教育测评已经成为现代教育的主导方式，体现为一种数字式或数据化的教育景观。教育测评的"客观化"

数据对学校教育的质量监控，对学生学习行为的监测，已经成为筹划或变革教育实践的重要依据。

（二）分析模型构建研究类

分析模型构建研究类主要是研究教育大数据的分析要素、分析过程以及针对具体分析目标的概念模型。例如，刘清堂等[28]认为教育大数据为分析学习行为与过程、提升学习绩效、科学规划与决策提供了巨大可能。吴林静等[29]针对网络学习空间中的数据未能被充分挖掘和利用的问题，提出了一种基于数据挖掘技术的在线学习行为分析模型以便于教师针对不同类型的学习者，采取不同的干预策略，实现个性化的教与学。

（三）关键技术与方法研究类

关键技术与方法研究类主要是研究教育大数据开发中的关键技术、分析方法，为教育大数据建设提供必要的技术支持和算法基础。其中数据分析挖掘和学习分析方法是教育大数据的关键技术和分析方法，而大数据可视化使这些技术和方法的成果以更直观的形式呈现给大家。Bogarin et al.[30]阐述了教育过程挖掘（EPM）这一新的研究领域，从特定教育环境下获取数据，并利用教育数据挖掘技术（EDM）从中发现、分析并提供可视化以辅助教育过程的理解。Vieria et al.[31]对可视化学习分析方法进行了系统性调研，分析了信息可视化和教育这一交叉领域的研究现状，并探讨了设计可视化教育分析工具的研究方向。

（四）应用研究类

应用研究类主要是从应用角度探索教育大数据在服务教育治理决策，提升公共服务水平，促进因材施教、终身学习等方面的应用。例如，余胜泉等[32]人提出可以利用大数据技术从学习情境信息、知识建构行为信息、学习行为和学习结果信息四个方面来进行学习过程数据的采集，以此来反映真实教学状态，实现精准教学。李宝等[33]从学习者角度出发，参照 Hadoop 中的数据处理技术，从数据收集层、数据存储层、数据分析层和数据呈现层构建学习者个性化学习资源推送框架。结合个性化资源推送框架，对个性化资源推送服务的实现途径进行分析，生成基于资源最邻近、基于相似用户矩阵库、基于特征匹配、基于学习者反馈和基于内容等混合推荐方法实现个性化学习资源的推送。李有增等[34]设计开发了学校大数据分析平台，并构建了包含学生基本信息、课堂学习、课外学习、校园生活、娱乐五个维度的学生行为分析模型，将校园大数据技术运用到学校的科研、教学、管理和服务等各个方面，促进学校综合治理能力的全面提升。牟智佳等[35]从智能测评研究视角对智能测评发展的理论与技术趋向、目标导向进行阐释，最后提出智能测评服务模式，即以支持个性化学习为目标导向，以基于学习能力的学习练习智能匹配、基于内容掌握的个性化学习路径规划、基于活动参与的个性优势识别以及基于测评结果的知识地图描绘为服务支持。蔡剑桥[36]认为：大数据在本质上是有前瞻性的。由于教育决策基于日益更新的大数据，而决策的技术手段又采用人工智能与高科技相结合，因此与教育相关的任何新变化都可及时进入决策者的视野，使整个教育决策过程流畅而灵敏。刘博文等[37]研究者认为应建设组织架构完备且支持教育数据全周期治理的国家级教育数据机构，构建教育数据新生态，充分挖掘教育数据价值，将数据转化为有效资源成为大数据时代推进我国教育发展的新诉求。

二、面向教育监测评价的数据挖掘方法

分析挖掘方法是大数据赋能区域教育监测评价的重要技术手段，面向教育监测评价的数据挖掘方法可以分为关联、回归、分类、聚类、诊断五个方面。[38]关联分析在教育数据挖掘中主要是寻找教育数据集中的相关性。例如，Verma et al.[39]使用模糊关联规则挖掘方法评估学生的表现，在学生学期结束时，帮助教师识别需要进行学习方式调整的学生，以引起教师和学生重视，同时告知学生如何采取相应的行为以应对下个学期的考试。回归方法是确定教育数据集中两个或多个变量之间的定量关系的统计分析方法。例如，Chatterjee et al.[40]提出了一个统计工具箱使用早期的学习成绩作为预测毕业逻辑回归和机器学习技术。分类方法的典型应用是根据教育数据集中数据在不同层次上的特点对它们进行科学的分类。Srivastava et al.[41]着重对国内一流私立大学开设公开选修课的情况进行了研究，对基于径向基核的 K-NN、支持向量机等分类算法进行了回顾、应用和比较，为当前课程的选择提供数学基础。聚类方法是将具有共同特征的教育数据聚集在一起。Bharara et al.[42]采用 K-means 聚类数据挖掘技术获取聚类，并对聚类进行进一步映射，寻找学习环境的重要特征，这些特征之间的关系被用来评估学生的表现。诊断是发现教育数据中的离群点，通过对异常点的诊断来发现和利用离群点中有价值的信息具有重要意义。Ueno[43]提出了一种利用学习者对网络学习内容的响应时间数据在线检测学习者不规则学习过程的异常值的方法。随着计算机技术的快速发展，深度学习方法也逐渐应用于教育数据的分析和挖掘中。陈德鑫等[44]以教育大数据挖掘的特点为基础，总结基于深度学习的教育大数据挖掘目的和流程，系统探讨深度学习在教育大数据挖掘领域的应用研究方向和主要应用机构，明确了教育大数据挖掘领域引入深度学习的重要意义。同时，针对服务对象和需要解决的问题，提出了深度学习技术在教育大数据挖掘领域进一步发展的建议。

目前，尽管教育大数据的分析挖掘技术日益成熟，政府、高等院校、企业在大数据技术与区域教育治理的结合上也进行了积极的探索，但仍然面临着缺乏顶层设计和统筹规划，宏观、中观、微观的数据资源难以有效整合，以报送式数据采集为主而较少关注过程性数据，且系统互动与数据交换不畅等挑战。下面将从教育大数据架构技术、大数据预处理技术、大数据分析挖掘技术、大数据可视化技术几个方面阐述面向区域教育治理的大数据关键技术和方法，以更有效地推进大数据技术在教育监测评价的应用，更准确、全面地反映教育发展状态，及时了解区域教育发展中存在的优势和短板。

三、区域教育治理大数据架构技术

为了发挥大数据的效能，更为科学地实施区域教育监测评价，需要建立可以对海量教育信息进行采集、存储、处理和分析挖掘的大数据平台系统。区域教育治理中的数据采集主要包括报送式数据与伴生性数据，报送式数据采集是指由政府或专业人员发起，按照一定需求和目标编制问卷和表格，进而组织学生、老师等相关人员填写并报送数据的方式，这仍是当前教育治理数据获取的主要方式。

伴生性数据是指教育活动过程中相伴产生的数据集合，多借助可穿戴设备、物联网、人工智能等技术进行采集和分析，随着技术的发展，大数据采集技术在交通、医疗等方面已获得有效利用，但是在教育领域还较少得到应用，未来将逐步扩大应用比例。区域教育治理大数据的采集包含文本、音频、图像视频三种类型，要同时满足结构化、半结构化与无结构化的采集需求。因此，需要通过智能采集设备等物联网技术、接入第三方教育信息平台、导入结构化的教育事业统计数据相结合的方式进行区域教育治理大数据采集。

为了更好地存储区域教育治理中产生的类型复杂数据，应研究和开发针对性的 MPP + Hadoop 高级混搭存储技术。MPP 即大规模并行处理（Massively Parallel Processing，MPP）技术，该技术的研制可以满足 PB 级别的大数据存储要求，同时为应用提供丰富的数据查询 SQL 和事务支持能力。由于数据库非共享集群中的每个节点都有独立的磁盘存储系统和内存系统，为了有效存储各类数据，本项目将根据数据库模型和应用特点将数据划分到各个节点上，进而通过专用网络或者商业通用网络互相连接，实现彼此协同计算，为整体提供数据库服务。平台采用 Hadoop 架构满足结构化、半结构化、非结构化等各类数据存储的需求，Hadoop 框架能够将应用程序分割成许多小部分，而每个部分都能在集群中的任意节点上执行或重新执行，该框架还将提供分布式文件系统，用于存储所有计算节点的数据，这将为整个集群带来较高的带宽。图 5-1 系统展示了区域教育治理大数据

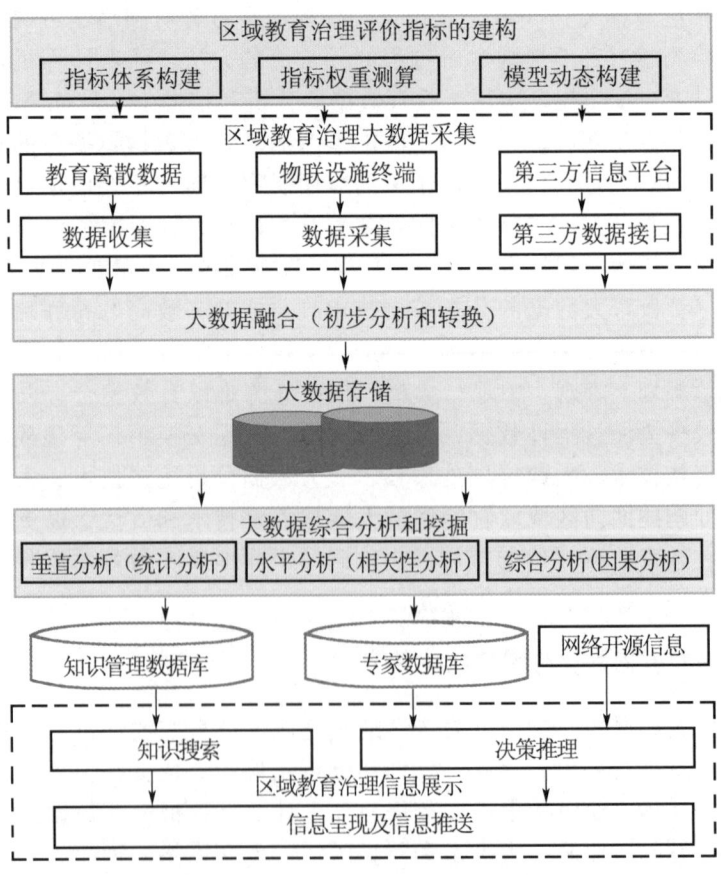

图 5-1　区域教育治理大数据平台中监测评价功能实现示意图

的采集、存储、处理、融合分析与挖掘、区域教育治理信息展示六大功能及其关系流程，以期更好地将以上理论与技术应用于区域教育评价监测。

第二节 数据预处理技术

区域教育治理大数据具有数据量大、时序周期长、复杂性高、异构性强等典型特点，这使得数据分析和挖掘过程变得较为困难。因此对数据进行预处理和综合分析显得尤其重要，数据预处理是实现教育监测评价的基础和前提。数据预处理得当不仅能让数据挖掘过程变得更高效，还能够使得结果更加可靠、精确。数据预处理包括数据准备、数据集成、数据清理、数据标准化和数据缩减等任务。本节对适合教育大数据的主要预处理方法进行阐述，包括数据标准化/归一化、主成分分析法、因子分析法、线性判别分析法。

一、数据标准化/归一化

对于采集的指标数据，数值越大越好，称之为正指标；另一类指标，数值越小越好，称为逆指标。为了实现所有指标数值作用方向一致化，对逆指标做一致化处理。如公式（5-1）所示，其中 x_{new} 为逆指标一致化后的值，x_{max} 为样本数据中最大值，x 为单一指标原始数据值。

$$x_{new} = x_{max} - x \qquad (5-1)$$

为排除由于各指标的数量单位不同及数据数量级之间差异而造成的不合理现象，对教育治理指标体系各单项指标进行标准化和归一化处理。

（一）Min-Max 归一化

Min-Max 归一化是对原始数据线性变换，使得结果落在 [0, 1] 之间，Min-Max 归一化的公式如（5-2）所示，公式中 x_{new} 是指标标准化值，x 是单一指标原始数据值，x_{max} 是该中类指标下设单一指标的最大值，x_{min} 是该中类指标下设单一指标的最小值。

$$x_{new} = \frac{x - x_{min}}{x_{max} - x_{min}} \qquad (5-2)$$

此归一化方法的特点是：①各单项指标归一化后数据在 [0, 1] 之间，便于后续数值处理；②归一化的数据相对数性质较为明显；③依靠原始数据较少，只需要数据单项指标中的最大值、最小值和单项指标的具体取值。

（二）z-score 标准化

z-score 标准化是给原始数据的均值和标准差进行数据的标准化，其具体的计算公式如（5-3）所示，公式中 x_{new} 是指标标准化值，$\bar{x}$ 是样本数据的均值，s 是样本数据的标准差。

$$x_{new} = \frac{x - \bar{x}}{s}, \text{其中} \ s = \sqrt{\frac{\sum(x - \bar{x})^2}{n - 1}} \qquad (5-3)$$

采用此方法标准化的特点是：①一般在原始数据呈现正态分布的情况下应用；

②其转化结果超过［0，1］，且有时候会影响进一步数据处理；③转化时与样本中所有数据有关系。

二、主成分分析法

主成分分析方法是一种将众多具有相关性的变量重新组合成没有相关性的变量的统计分析方法，其基本思想是利用正交转换的方法，试图将多个指标转化为少数指标，而这少数指标能反映原来指标的大部分信息，并将相关性较高的指标转化为相互独立的指标，以减少重叠。主成分分析方法主要体现了降维和简化数据结构的思想。主成分分析方法的步骤是：①指标数据进行标准化、归一化；②指标之间创建协方差矩阵，得到矩阵的特征值；③确定主成分个数；④确定主成分表达式；⑤确定评价函数。

三、因子分析法

因子分析法是将多数变量进行线性组合，将其转为少数独立的变量的统计分析方法，其目标是在较少信息损失量的前提下，将众多原始变量缩减为少数变量，并使这些少数变量能反映原始数据的绝大多数信息。该方法具有的特点是：①因子变量比原始数据少且能代表原始数据的大部分信息，这不但减少了数据的计算量而且在一定程度上保证了数据的准确性；②因子变量之间线性无关，具有较强的可解释性。因子分析的步骤是：①样本数据进行标准化处理；②求样本协方差矩阵，得到矩阵的特征值；③确定公共因子的共性方差；④旋转负荷矩阵。

四、线性判别分析法

线性判别方法是一种常用于数据的特征提取和降维的统计分析方法。它通过最大目标函数将原始数据投影到较低维特征空间中，使得不同类别的数据类别的投影点中心之间距离尽可能大，同数据类别的投影距离尽可能近。最大目标函数如公式（5-4）所示，其中 S_B 表示类间散布矩阵，S_W 表示类内散布矩阵。

$$J(W) = \mathop{\mathrm{argmax}}_{W} \frac{|W^T S_B W|}{|W^T S_W W|} \qquad (5-4)$$

线性判别分析步骤：

(1) 计算数据集的类内散布矩阵 S_B, S_W；

(2) 求矩阵 $S_W^{-1} S_B$；

(3) 求矩阵 $S_W^{-1} S_B$ 的最大特征值和对应的特征向量；

(4) 样本集中每一个样本特征 x_i 转化为新的样本 $z_i = W^T x_i$。

第三节　教育大数据分析挖掘技术

分析挖掘技术是大数据助力教育监测评价的重要体现，分析挖掘技术的有效运用可以极大提升教育监测评价的客观性、科学性，达到精准施策的目的。教育大数据的分析和挖掘就是从大量的、不完全的、有噪声的、模糊的、随机的实际应用数据中，提取隐含在其中的、人们事先不知道的但又具有潜在价值的信息和知识的过程。分析挖掘技术突破了基本统计分析的范畴，吸收和借鉴了内容分析、社会网络分析、行动分析等社会科学的研究方法，还包含数据挖掘、机器学习以及深度学习等数据科学领域的重要方法。面向区域教育治理中的大数据分析挖掘技术包括教育大数据的数据总结、聚类、关联规则发现、序列模式发现、依赖关系或依赖模型发现、异常和趋势发现等。在分析和挖掘过程中，本项目重点开展基于机器学习方法、统计方法、神经网络方法的教育大数据与评价指标的自动映射研究、主题发现研究、教育现状分析研究、教育热点分析研究、趋势判断研究、区域间教育发展状况对比分析研究等，并将研究成果应用于区域教育实践，证实研究方法的可行性和可操作性。下面将对适用于区域教育治理大数据处理的主要分析挖掘方法进行介绍。

一、关联规则分析

关联规则算法（如 Apriori）可自动发现规律性的关联模式，例如 C1 + C3 + C5 →C7 + C9（均为 3 级指标）或 C2 + C8→B2（B2 为 2 级指标）。通过评估这些规律的支持度（support）、置信度（confidence）等，可以发现现有大数据中存在的规律，并用来预测新数据的情况，例如如果新数据存在 C2 + C8，则可以推断容易出现 B2 情况变化，从而达到深度了解教育现象间关联的功能。

（一）关联规则的原理

关联分析是一种在大规模数据中寻找隐含关系的方法。关联规则的强度由支持度（s）和置信度量（c）度量，分别如公式（5 - 5）和公式（5 - 6）所示：

$$S(X->Y) = \frac{\sigma(X \cup Y)}{N} \quad (5-5)$$

$$C(X->Y) = \frac{\sigma(X \cup Y)}{\sigma(X)} \quad (5-6)$$

支持度确定数据集的频繁程度，置信度确定关联规则关系其中满足最小支持度阈值的项集称为频繁项集，从频繁项集中提取较高置信度的规则称为关联规则。关联分析的整体过程为：①使用算法发现频繁项集；②从频繁项集中挖掘关联规则。

（二）算法 Apriori 原理和特点

关联分析可分为频繁项集和关联规则两种新式。一般由 k 个数据集可能产生 $2^k - 1$ 个频繁项集的候选项集，当 k 越大时所产生的频繁项集的候选项集越多，这将给计算频繁项集的支持度增加了计算复杂度。为了降低支持度的计算复杂度，可以选择减少候选项集的数目。Apriori 算法原理是，若一个项集是频繁项集，那么它的子集也是频繁项集，它根据这一原理来减少候选项集数目以降低支持的计算复杂度。Apriori 算法特点：①易编码实现；②对数据的要求较低。

（三）Apriori 产生频繁项集的过程

（1）Apriori 用逐层方法产生频繁项集。

（2）先遍历整个数据集，确定每个数据集的支持度，得到所有频繁项集。

（3）使用上一次发现的频繁项集中超过支持度阈值的项集构成新的项集。

（4）重复步骤（2）和步骤（3），直到无新的频繁项集产生为止。

（四）Apriori 算法中规则产生过程

（1）Aprioiri 逐层方法产生强关联关系，其中每层的后件等于那层的层数。

（2）若本层中任意结点具有低置信度，则减去该结点产生的整个子图，将具有高置信度规则通过合成高置信度规则的后件产生新的候选规则。

（3）重复步骤（2）直到后件为 $k-1$。

二、回归算法

回归算法（例如逻辑回归）可发现数据变化的趋势性规律，通过构建回归函数进行函数参数训练，进行数据变化的趋势性拟合去预测未来发展。例如，通过现有各区域教育治理中三级指标随时间变化的数据，可构建相应回归函数进行未来 1 个月、3 个月、6 个月、12 个月的指标挖掘，同时可分析总指标的数值。

（一）逻辑回归模型原理和特点

逻辑回归模型是监督学习中一种通过训练样本数据找到最佳的分类回归系数以处理模型对未来新样本分类问题的方法。逻辑回归模型的因变量通常为离散值，其中最常见的逻辑回归模型是二元逻辑回归模型，它表示该模型的因变量只能取 0 和 1，而当逻辑回归模型的因变量多于两类时称之为多项回归。以二元逻辑回归模型为基础，其假设函数如公式（5-7）所示：

$$h_\theta(x) = g(\theta^T x) \qquad (5-7)$$

其中 Sigmoid 函数为公式（5-8）：

$$g(z) = \frac{1}{1+e^{-z}} \qquad (5-8)$$

那么 $h_\theta(x)$ 最终如公式（5-9）所示：

$$h_\theta(x) = \frac{1}{1+e^{-\theta^T x}} \qquad (5-9)$$

$h_\theta(x)$ 逻辑回归假设函数的意义是：对于给定自变量 x 在已确定参数 θ 的情况下计算出变量 $y=1$ 的可能性即表达式为：$p(y=1|x;\theta)$。由图 5-1 可以发现临界值是 0.5，当 $h_\theta(x)>0.5$ 时 $y=1$，当 $h_\theta(x)<0.5$ 时 $y=0$，即表示 $\theta^T x>0$ 时 $y=1$，$\theta^T x<0$ 时 $y=0$。逻辑回归模型其原理是将变量做线性组合，试图通过一条直线将不同类别数据进行区分，求出其分布参数。逻辑回归的特点如下：①可用于离散值的挖掘预测；②速度快，不用大量计算，通俗易懂；③容易实现，训练起来很高效。

（二）求解代价函数和确定最佳回归系数 θ

根据 $h_\theta(x)$ 的特性选用代价函数，其表达式为公式（5-10）：

$$J(\theta) = -\frac{1}{m}\sum_{i=1}^{m} \text{cost}(h_\theta(x)^{(i)}, y^{(i)}), \text{cost}(h_\theta(x)^{(i)}, y^{(i)}) = \begin{cases} -\log(h_\theta(x)^{(i)}), y=1 \\ -\log(1-h_\theta(x)^{(i)}), y=0 \end{cases}$$

$$(5-10)$$

将它们合并如公式（5-11）所示：

$$J(\theta) = -\frac{1}{m}\sum_{i=1}^{m}\left[y^{(i)}\log(h_\theta(x)^{(i)}) + (1-y)\log(h_\theta(x)^{(i)})\right] \quad (5-11)$$

使用梯度下降最优化算法，求取代价函数最小值的参数 θ 为最佳回归系数，重复公式（5-12）直到所有的 θ_j 更新结束。

$$\theta_j = \theta_j - \alpha\frac{\partial}{\partial\theta_j}J(\theta) \quad (5-12)$$

对式（5-12）进行求导之后的结果为公式（5-13）：

$$\theta_j = \theta_j - \alpha\frac{1}{m}\sum_{i=1}^{m}\left[h_\theta(x)^{(i)} - y^{(i)}\right]x^{(i)} \quad (5-13)$$

（三）分类分析

分类分析通过分析各个类别的样本的特点，得到决定样本属于各种类别的规则或方法。其主要方法有决策树、贝叶斯方法、神经网络方法、支持向量机，以及回归算法。各地教育部门可以依据某些原始数据划分形成生成性指标，对地方教育水平进行分级与分类。可以采用机器学习算法，这里以深度学习的方法为例，描述多层感知机（multi-layer perceptron，简称 MLP）技术，根据既有分级分类数据自动学习，从而实现自动对各地教育部门新数据进行自动分类的功能，而对新数据的分类可以实现预测。

（四）多层感知机原理和特点

多层感知机分为三层结构，分别是输入层、隐藏层和输出层，其中中间隐藏层可以包含多个层，最简单的多层感知机结构如图5-2所示。从图中能看出多层感知机每一层的任意一个神经元都与下一层的所有神经元是连接的。输入层是输入原始数据，隐藏层有着激活函数，将输入层中线性关系转化为非线性关系。输出层则输出更高维度的抽象特征。多层感知机的特点为：①具有并行执行的能力；②具有自我组织能力；③具有强大的容错性。

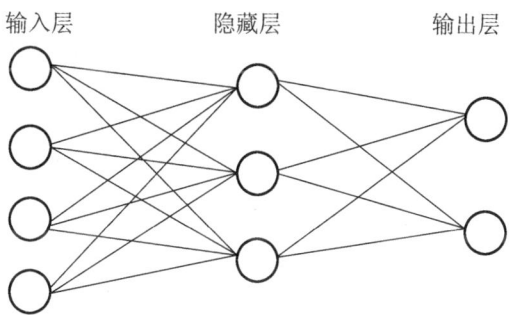

图5-2　多层感知机基础结构

三、隐藏层分析

隐藏层中输出的是 $\sigma(wx+b)$，其中 w 表示权重，b 表示偏置，函数 σ 是激活函数。隐藏层中接受来自输入层 x 组成的线性组合，如果没有激活函数，那么最终结果只会是线性组合,因此我们需要激活函数来改变线性组合。

常见的激活函数有:

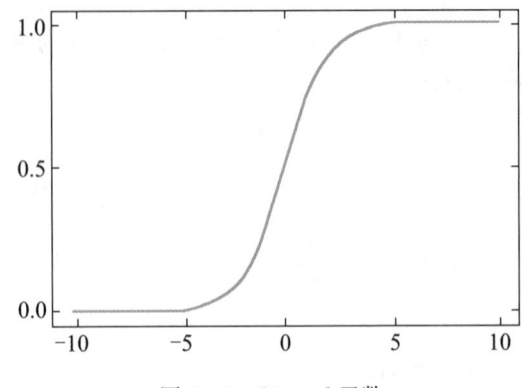

图 5 - 3　Sigmoid 函数

Sigmoid:$y = \dfrac{1}{1 + e^{-z}}$ 函数常用于二分类问题,函数值在 [0,1] 之间。

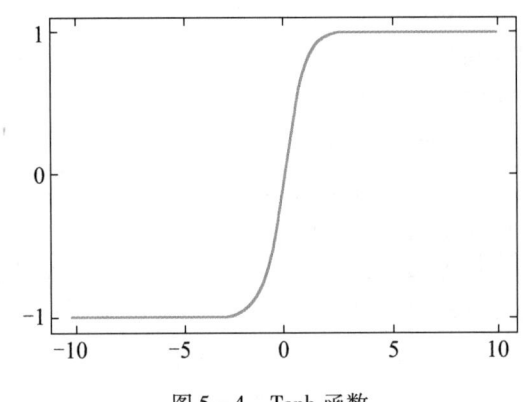

图 5 - 4　Tanh 函数

Tanh:$y = \dfrac{e^z - e^{-z}}{e^z + e^{-z}}$ 函数值在 [-1,1] 之间,均值为 0,可用于实现数据的归一化。

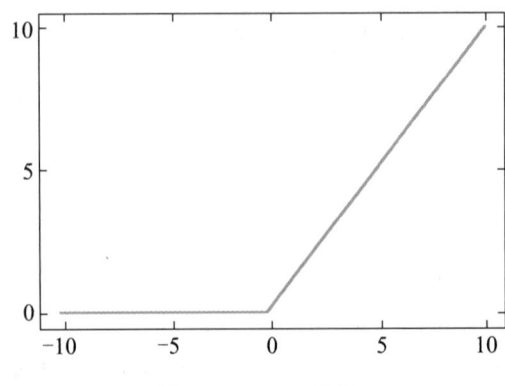

图 5 - 5　ReLu 函数

ReLu：$y = \max(0, z)$ 函数值在 $[0, +\infty)$，当 $z<0$ 时 $y=0$，当 $z>0$ 时 $y=z$。

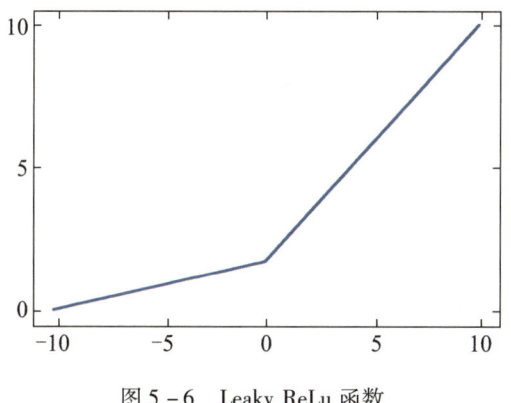

图 5-6 Leaky ReLu 函数

Leaky ReLu：$y = \max(0.01, z)$ 函数值在 $[0.01, +\infty)$，它是 ReLu 激活函数的变体。

四、聚类分析

聚类分析是数据挖掘的一种常见分析手段，包含 K 均值聚类算法（K-Means clustering algorithm）、DBSCAN（Density-Based Spatial Clustering of Applications with Noise）等常用算法，依据数据对不同区域的教育发展情况进行机器自动聚类分析。对于无法与多数地区形成聚类的情况进行重点关注，有助于发现已有的异常数据从而进行情况分析，同时对新数据中存在的异常情况进行提醒。这里以 K-Means 聚类方法进行举例描述。

（一）K-Means 算法原理与特点

K-Means 是一种聚类算法，所谓聚类就是将一系列没有先验知识的数据集输入到算法中，算法将具有较高相似度特征的数据归于同一类簇，具有较高相异性特征的数据归于不同类簇。K-Means 算法就是接受未标记的数据，然后将集中数据聚类在一起，其中 K 表示数据被分类的数目，Means 表示均值。K-Means 就是随机选择 K 个数作为聚类中心，然后根据欧式距离作为度量指标，把样本中欧式距离较近的组成一起作为一个簇，将这类在特征上相似的数据进行调整后，根据簇中样本均值计算出新的聚类中心，以此类推直到聚类中心没有发生变化。K-Means 畸变函数如公式（5-14）所示：

$$J(C^{(1)}, C^{(2)}, \cdots, C^{(n)}, \mu_1, \mu_2, \cdots, \mu_n) = \frac{1}{m}\sum_{i=1}^{m} \| x^{(i)} - \mu_c^{(i)} \|^2 \quad (5-14)$$

其中，$\mu^{(i)}$ 表示与 $x^{(i)}$ 最近的聚类中心。K-Means 聚类的特点如下：①简单易实现；②可以选择你想确定的聚类数目；③随机初始化的特点会产生局部最优解的现象，而使得聚类结果不太合理。

（二）K-Means 算法步骤

（1）选择聚类数 K。选择聚类数 K 可以根据不同的问题中聚类的动机进行人工的选择，也可以使用"肘部法则"进行聚类数 K 的选择。"肘部法则"通过改

变 K 值,找到畸变程度极大改善的临界点,就是要求的 K 值。

(2) 随机初始化 K-Means 的 K 个聚类中心 μ_1, μ_2, …, μ_3。随机初始化聚类中心要求 $K<N$,N 表示所有训练集个数。初始化点不同会得到不同的,确保初始化点尽可能分散,或多做几次实验。

(3) 对每一个样本求这两个点的距离,距离哪个最近,就归为哪一类。

(4) 将不同类中所有样本取均值,可以更新聚类中心。

(5) 重复步骤(3)和步骤(4),直到所有类中分配数据点不再发生变化。

第四节 教育大数据可视化技术

数据可视化是教育大数据价值变现的最后一环,是以图像的形式把原始教育数据的挖掘、探索和研究成果展示出来的技术。针对多元异构的教育数据,教育可视化将采取基本图表(柱状图、折线图等)、地图、标签云、仪表盘等不同视图直观呈现复杂数据的形态特征,以图形化方式有效传递教育数据价值,从而提升教育数据的可读性和运用性,使观看者能更加直观和高效地了解数据背后的丰富内容。新型的大数据可视化通常采用管理驾驶舱形式,就像汽车、飞机的仪表盘,实时显示区域教育中主要主题的数据指标以及执行情况,并支持"钻取式查询",实现对指标的逐层细化、深化分析,形象地标识教育发展的各项关键指标,以监测教育发展情况。教育可视化是运用大数据分析结果服务于区域教育治理的必不可少的部分,提高教育可视化的应用水准有助于清晰、明确地展现数据分析挖掘的结果,有助于政府行政部门、学校及其他相关机构和人士掌握教育发展状况,表征优势、呈现短板,提高教育决策的科学性。现阶段常用的数据可视化方法为 D3.js、ECharts、Excel、Tableau、Data-driven Documents、R 等。本节重点介绍项目已验证和应用的可视化技术。

一、D3.js 可视化技术

D3.js 全称 Data-Driven Documents,是一款著名的基于 Web 标准、使用动态图形进行数据可视化的 JavaScript 函数库,其兼容 W3C 标准,融合了 SVG、Canvas、HTML、CSS 等技术,将可视化、动态交互和数据驱动的 DOM 操作方法完美结合,具有开发灵活、运行高效、接口丰富、效果形象等特点,广泛应用于交互式图形、数据图表以及含有地理信息数据的展示,是目前最为流行的数据可视化框架之一。

(一)技术原理

D3.js 通过预先创建好嵌入于网页中的 JavaScript 函数来选择网页元素、创建 SVG 元素、调整 CSS 来呈现数据,并且也可以设置动画、动态改变对象状态或加入工具提示来完成用户交互功能。使用简单的 D3.js 函数就能够将大数据结构与 SVG 对象进行绑定,并且能生成格式化文本和各种图表。其大数据结构的格式可以是 JSON、CSV(以逗号分隔的数据)或 GeoJSON,也可以通过自行编写 JavaScript 函数来读取自定义格式数据。

（二）特点

（1）开发灵活。相比于其他可视化框架，D3.js 只对一些基本算法进行封装，开发人员可以对这些基本算法进行组合使用，实现丰富的定制化效果，因此灵活性比较强。

（2）运行高效。D3.js 直接基于 Web 标准，以 HTML、SVG、CSS 作为底层技术，渲染速度大大加快，性能稳定良好，适合大数据背景下区域教育治理分析与挖掘的可视化展示。

（3）接口丰富。D3.js 为开发人员提供了丰富的 API，包括选择元素、数据类型、格式化、加载数据、数据映射、图形几何、布局、动态交互等开发接口。

（4）效果形象。D3.js 提供了 Scale、Shape、Selection、Collection、Hierarchy、Zoom、Force 等工具，可以为数据可视化提供生动形象的效果展示。

（三）应用示例

D3.js 提供了一系列类 jQuery 的 DOM 操作方法。其中，bselect 用于选中一个元素，selectAll 用于选中所有满足要求的元素，最后返回一个 D3 对象。除此之外，还可以对 D3 对象相应的 DOM 属性进行修改。在数据处理之前，需要进行数据绑定。D3.js 提供的 data 方法用于对选中的元素集合进行数据绑定，在使用 data 方法将数据和选择的 DOM 元素绑定时，由于此时 text 元素还不存在，需要使用 enter 方法和 append 方法根据数据的个数将它们创造出来。为了将数据在图中显示，需要把数据和 DOM 元素的某种属性相关联。例如：柱状图中，数据需要和柱子的高度关联；折线图需要和转折点的坐标关联；对于力导向图，则需要和节点的坐标关联。在展示教育区域治理相关指标的关系中，就可采用力导向图。其中，nodes 表示图中的节点，name 属性是节点的名称，edges 表示节点之间的边，source 是起始节点的序号，target 是终止节点的序号。对图 5-7 词云图和图 5-8 力导向图进行分析。

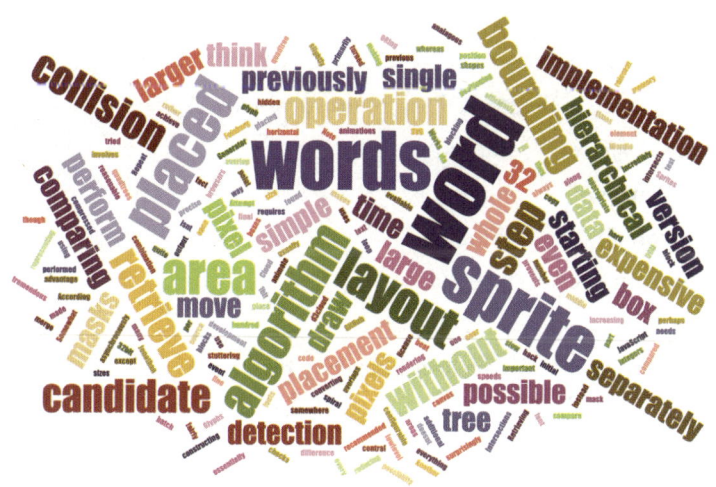

图 5-7　词云图

主要代码如下：
```javascript
var d3 = require("d3"),
    cloud = require("../");
var layout = cloud()
.size([500, 500])
.words([
     "Hello", "world", "normally", "you", "want", "more", "words",
     "than", "this"].map(function(d) {
     return {text: d, size: 10 + Math.random()*90, test: "haha"};
  }))
.padding(5)
.rotate(function() { return ~~(Math.random()*2) *90; })
     .font("Impact")
.fontSize(function(d) { return d.size; })
.on("end", draw);
layout.start();
function draw(words) {
   d3.select("body").append("svg")
.attr("width", layout.size()[0])
.attr("height", layout.size()[1])
.append("g")
.attr("transform", "translate(" + layout.size()[0]/2 + "," + layout.size()[1]/2 + ")")
.selectAll("text")
     .data(words)
.enter().append("text")
.style("font-size", function(d) { return d.size + "px"; })
.style("font-family", "Impact")
.attr("text-anchor", "middle")
.attr("transform", function(d) {
     return "translate(" + [d.x, d.y] + ")rotate(" + d.rotate + ")";
})
     .text(function(d) { return d.text; });
}
```

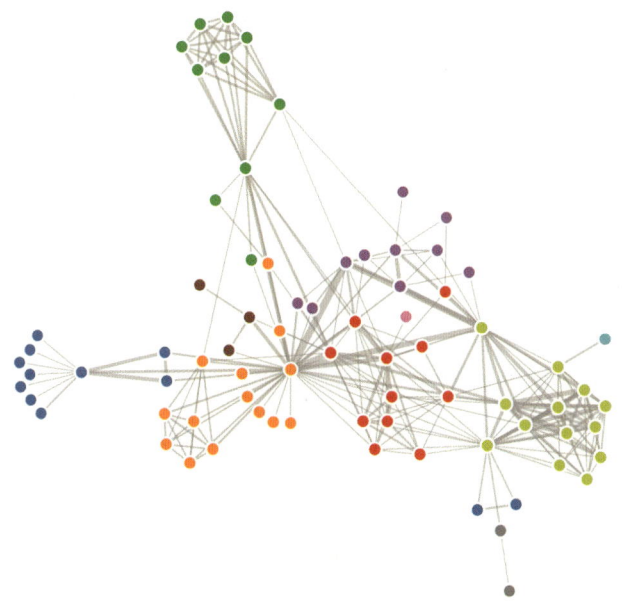

图 5 – 8　力导向图

主要代码如下：

```
chart = {
    const links = data.links.map(d => Object.create(d));
    const nodes = data.nodes.map(d => Object.create(d));
    const simulation = d3.forceSimulation(nodes)
.force("link", d3.forceLink(links).id(d => d.id))
.force("charge", d3.forceManyBody())
.force("center", d3.forceCenter(width / 2, height / 2));
    const svg = d3.create("svg")
.attr("viewBox", [0, 0, width, height]);
    const link = svg.append("g")
.attr("stroke", "#999")
.attr("stroke-opacity", 0.6)
.selectAll("line")
    .data(links)
.join("line")
.attr("stroke-width", d => Math.sqrt(d.value));
    const node = svg.append("g")
.attr("stroke", "#fff")
.attr("stroke-width", 1.5)
.selectAll("circle")
    .data(nodes)
```

```
        .join("circle")
        .attr("r", 5)
        .attr("fill", color)
        .call(drag(simulation));
    node.append("title")
        .text(d => d.id);
    simulation.on("tick", () => {
        link
        .attr("x1", d => d.source.x)
        .attr("y1", d => d.source.y)
        .attr("x2", d => d.target.x)
        .attr("y2", d => d.target.y);
        node
        .attr("cx", d => d.x)
        .attr("cy", d => d.y);
    });
    invalidation.then(() => simulation.stop());
    return svg.node();
}
```

二、ECharts

ECharts 是一款由百度前端技术部开发的基于 JavaScript 的数据可视化图表库，其底层依赖矢量图形库 ZRender，提供大量直观生动、交互丰富、可高度个性化定制的数据可视化图表。Echarts 可创建常规的折线图、柱状图、散点图、饼图、K 线图；用于统计的和弦图；用于地理数据可视化的地图、热力图、线图；用于关系数据可视化的关系图、treemap、旭日图；多维数据可视化的平行坐标；还有用于 BI 的漏斗图、仪表盘，并且支持图与图之间的混搭。其中图与图之间的混搭如图 5-9 所示。

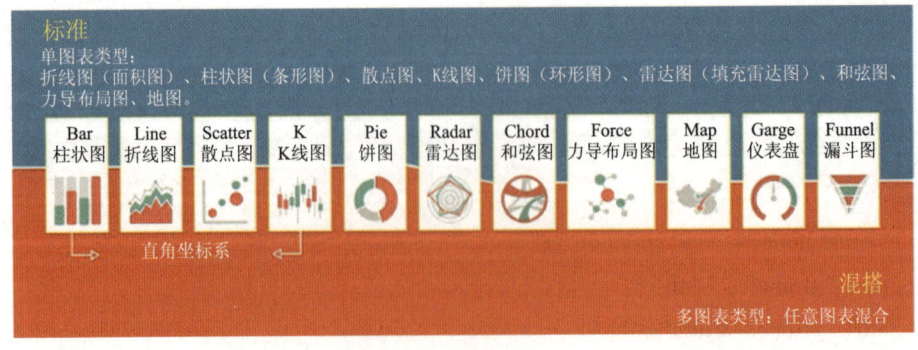

图 5-9　多图表类型

（一）特点

（1）数据驱动。ECharts 由数据驱动，数据的改变驱动图表展现改变。因此动态数据的实现也变得异常简单，只需要获取数据，填入数据，ECharts 会找到两组数据之间的差异，然后通过合适的动画去表现数据的变化。配合 timeline 组件能够在更高的时间维度上去表现数据的信息。

（2）交互性强。ECharts 提供了图例、视觉映射、数据区域缩放、工具箱、数据刷选等开箱即用的交互组件，可以对数据进行多维度数据筛取、视图缩放、展示细节等交互操作。ECharts 能够展现千万级的数据量，并且在这个数据量级依然能够进行流畅的缩放平移等交互。

（3）性能良好。ECharts 支持以 Canvas、SVG、VML 的形式渲染图表。VML 可以兼容低版本 IE 浏览器，SVG 减轻内存消耗的负担，Canvas 可以轻松应对大数据量和特效的展现。不同的渲染方式提供了更多选择，使得 ECharts 在各种场景下都有更好的表现。ECharts 内置的 dataset 属性支持直接传入包括二维表、key-value 等多种格式的数据源，为了配合大数据量的展现，ECharts 还支持输入 TypedArray 格式的数据，TypedArray 在大数据量的存储中可以占用更少的内存，对 GC 友好等特性也可以大幅度提升可视化应用的性能。

（二）应用示例

展示具体实例为图 5－10 和图 5－11 所示：

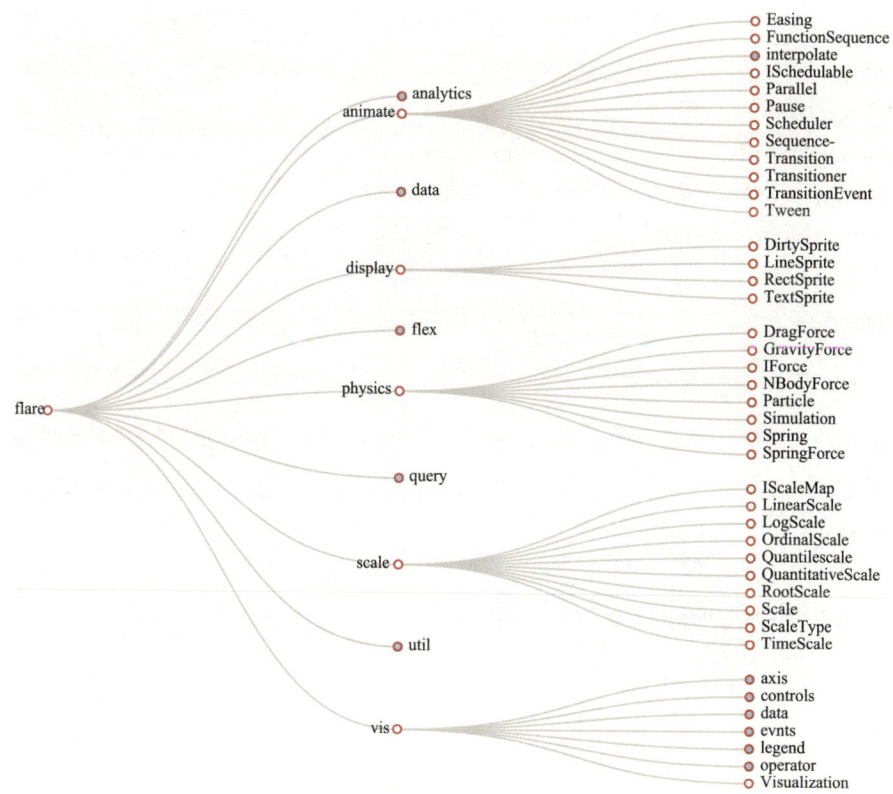

图 5－10　动态在线树图示意图

主要代码如下:
```
myChart.showLoading();
.get(ROOT_PATH + 'data/asset/data/flare.json', function (data) {
myChart.hideLoading();
echarts.util.each(data.children, function (datum, index) {
index % 2 === 0 && (datum.collapsed = true);
});
myChart.setOption(option = {
tooltip: {
trigger: 'item',
triggerOn: 'mousemove'
},
series: [
{
type: 'tree',
data: [data],
top: '1%',
left: '7%',
bottom: '1%',
right: '20%',
symbolSize: 7,
label: {
normal: {
position: 'left',
verticalAlign: 'middle',
align: 'right',
fontSize: 9
}
},
leaves: {
label: {
normal: {
position: 'right',
verticalAlign: 'middle',
align: 'left'
}
}
},
expandAndCollapse: true,
animationDuration: 550,
```

animationDurationUpdate:750
    }
  ]
});
});

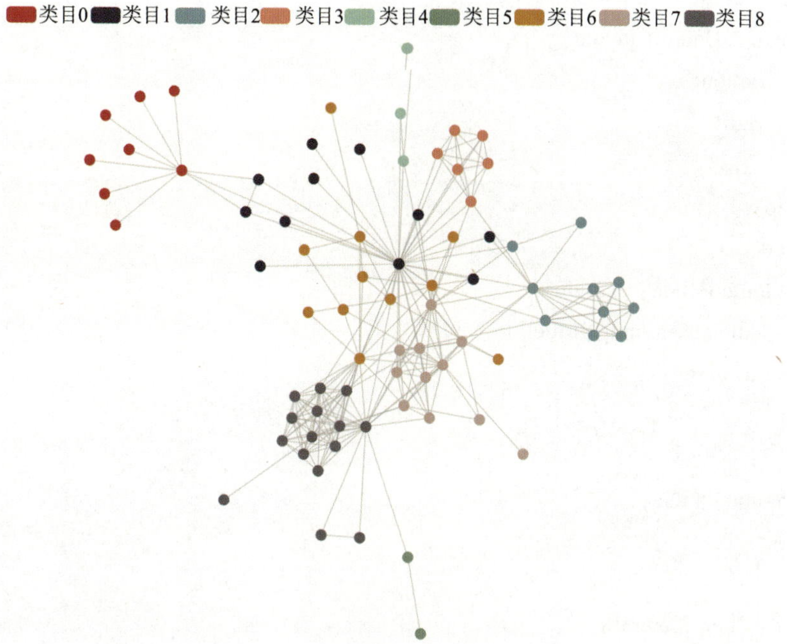

■类目0 ■类目1 ■类目2 ■类目3 ■类目4 ■类目5 ■类目6 ■类目7 ■类目8

图 5-11 关系图

主要代码如下:
myChart. showLoading( );
. get(ROOT_PATH + 'data/asset/data/les – miserables. gexf ', function (xml) {
myChart. hideLoading( );
var graph = echarts. dataTool. gexf. parse(xml);
var categories = [ ];
for (var i = 0; i < 9; i + +) {
categories[i] = {
name:'类目' + i
};
}
graph. nodes. forEach(function (node) {
node. itemStyle = null;
node. symbolSize = 10;
node. value = node. symbolSize;
node. category = node. attributes. modularity_ class;
// Use random x,y

```
            node.x = node.y = null;
            node.draggable = true;
        });
        option = {
        title: {
        text: 'Les Miserables',
        subtext: 'Default layout',
        top: 'bottom',
        left: 'right'
        },
        tooltip: {},
        legend: [{
        // selectedMode: 'single',
        data: categories.map(function(a) {
        return a.name;
        })
        }],
        animation: false,
        series : [
        {
        name: 'Les Miserables',
        type: 'graph',
        layout: 'force',
        data: graph.nodes,
        links: graph.links,
        categories: categories,
        roam: true,
        label: {
        normal: {
        position: 'right'
        }
        },
        force: {
        repulsion: 100
        }
        }
        ]
        };
        myChart.setOption(option);
        }, 'xml');
```

第六章　面向区域教育治理的预测与预警技术

第一节　教育预测与预警概述

预测预警功能是发挥大数据优势、提升区域教育治理能力的重要体现。信息技术蓬勃发展，政府、专业智库、学校等机构积累了体量巨大、价值丰富的各类教育教学数据，为预测预警功能的实现提供了可行性。预测是指预先推测或测定，而预警是事先警告、提醒被告知人的注意和警惕，预警是在预测的基础上发展而来的。就教育领域而言，教育预测指根据过去和现在的教育发展状况，运用已有的知识、经验和科学方法，对教育未来环境进行预先估计，并对教育未来的发展趋势做出估计和评价。教育预警是指围绕教育重点难点问题，对其发展现状和未来进行测度，预报不正常状态的时空范围和危害程度，以及提出防范措施，预警最终的目的是要进行有效的管理。

《教育部关于加强新时代教育科学研究工作的意见》中强调，要发挥大数据分析在政策研制中的作用，注重监测评估中的成效追踪与问题预警，切实提高教育决策科学化水平。教育预测和预警的共同点都是根据历史数据和现实材料预测未来，两者都有助于政府以及其他教育治理主体更好地把握教育发展态势，科学制订布局规划，提高教育决策的精准性和有效性。两者的区别主要在于：第一，两者强调的重点不同。预测强调时序的预见性，而预警则强调调控的超前性；预测主要面向区域教育发展的未来，而预警着重对一定时空状态的区域教育发展运行过程的描述，并根据警兆确定状态的走势。第二，两者对数据的使用要求不同。教育预测偏向于主观上的能动作用，利用过去或现有的各类数据，凭借政府相关人员、专家学者等的治理经验和知识总结，人为地对未来情况进行估计和预计，或者利用信息技术的辅助来进行教育决策，而预警是站在客观的立场，以现有情况推断可能出现的问题，所使用的数据必须是对已发生现象的系统描述，即数据应反映实际情况。第三，两者的价值指向不同。教育预测是在对教育系统内生性变量的变化规律，以及教育系统与外界系统交互关系的研究基础上，利用数学方法和计量模型，对教育系统的变化趋势做出量的估计，利用各种统计检验方法以及大数据分析方法对各类指标的变化情况进行推断，但是基本上不从价值意义上评价这种变化趋势的好坏。而预警除了具有预测的上述功能外，它还给出一个可以对预测值在价值意义上进行高低优劣评价的区间，使决策者能够非常直观地对预测值进行价值的判断与选择。总之，预警不是一般情况的预测，而是特殊情况的预测，不是从正面分析，而是从反面解剖，预警可以说是更高层次的预测，预警可及时发现区域教育治理中的潜在问题，并及时推送给主管单位或主管人员，以便及时做出应对措施。教育预测与预警相辅相成，有助于了解区域教育发展动态，及时发现区域教育发展中存在的潜在问题并采取有效应对措施，实现从传统的后置性应急向前置性预测预警转变，为区域教育发展保驾护航。

从国内外研究进展来看，随着教育数据量的急剧增长，数据类型的多样性与可获取性以及教育计算的兴起推动了教育大数据研究的发展，教育预测、预警引起了国际国内研究者的深度关注与探索。回归分析作为一种通过研究变量之间相互关系的密切程度、结构状态的预测技术，在区域教育治理相关指标的预测预警中发挥重要作用，得到了许多研究者的青睐。胡咏梅等[45]基于我国近20年的经济增速与高等教育发展规模数据，通过两阶段回归（2SLS）方法对"十四五"规划期间（2021—2025年）我国高等教育学生规模和财政投资规模进行预测，为政府制定高等教育发展规划以及财政投资政策提供了参考。李翌等[46]通过建立多元线性回归模型，基于青海省2005—2017年教育统计的相关数据进行分析，探寻青海省人均GDP、本科毕业生数、专任教师（副高级及以上）数和高校教育经费投入对研究生教育规模扩大的影响，在排除无关变量后，依据回归关系预测2020—2030年青海省研究生的教育规模，使青海省教育部门在制定教育政策前有针对性的数据参考。Concepción Burgos等[47]提出一种知识发现的方法来分析学生的历史课程分数从而预测学生未来是否有不良分数。该方法基于逻辑回归模型（logistic regression model）用于对成绩的分类，通过对超过100个学生的历史数据分析，最终设计了一个行动指导计划（rutoring action plan）。

数据挖掘是从大量数据中挖掘出隐含的、先前未知的、对决策有潜在的价值关系、模式和趋势，并用这些知识和规则建立用于决策支持的模型，一般也常用于教育相关指标的预测预警中，一些学者通常将数据挖掘与传统机器学习相结合来进行建模。刘邦奇等[48]基于智慧课堂大数据，利用教育数据挖掘技术进行建模、分析和处理，从教学设计过程、学习活动过程和学习结果三个层面进行整体设计，构建了学习行为影响分析、学习行为路径分析、学生行为关联性分析和学业成绩预测分析四类应用模型，并基于真实数据对智慧课堂数据挖掘应用进行实证分析。陈子健等[49]采用数据挖掘和机器学习的方法，通过计算所有单个数据属性和学业成绩类别之间的相关系数和计算所有属性的信息增益率两种方法共同确定学业成绩的影响因素，提出采用集成学习的方法构建集成式学业成绩分类预测模型，采用嵌套集成学习的方法构建在线学习者学业成绩分类预测模型，研究从教育数据中挖掘影响在线学习者学业成绩的因素并构建分类预测模型。Mimi Recker等[50]围绕教育数据的挖掘和学习分析方法，探讨了教育复杂数据下应更为重视对交互数据的捕捉，通过统计、机器学习、数据挖掘的方法来分析教育领域的研究问题，例如利用学生的知识、行为、动机和属性来预测学生未来的学习行为等。Behdad Bakhshinategh等[51]调研了近10年的教育数据挖掘和相关应用，认为利用数据挖掘技术和方法可以辅助探索教育研究目标，例如提高和增强学习质量，作者对现有数据挖掘应用进行了数量和分类，并对相关工作进行了对比分析。Ali Ikhwan等[52]研究了一种新的基于FP-Growth算法的教育数据挖掘方法，在现有FP-Growth算法上进行改进，以适应教育数据挖掘的需要。Eduardo Fernandes等[53]提出一种面向巴西公共学校学生学习能力的分析模型，并基于Gradient Boosting Machine（GBM）提出相应的分类模型来预测学生未来的学习情况。

随着人工智能技术的不断发展，深度机器学习在区域教育治理预测预警也开始占据一席之地。相对于传统机器学习，深度学习通常采用一种模拟生物神经网络进行信息处理的数学模型来建模，因此多数学者都是基于某种神经网络来进行深度学习预测。晏富宗等[54]基于人口数、GDP、第三产业占GDP的比重、农村恩格尔系数、城镇居民可支配收入等变量，通过BP神经网络进行建模，对江西省高等教育规模进行预测，结果表明神经网络模型比传统回归模型具有更精确的预测能力。王宪莲等[55]提出一种适合高等教育办学规模数据演化规律的异构多列卷积神经网络，利用自适应的滑动窗口融合机制优化多层卷积神经网络的融合过程，从而提高预测精度，完成高等教育办学规模的预测。徐鹏飞等[56]从知识状态模型、认知行为模型、情感模型和综合模型四个类别分别阐述了具有代表性的学习者模型及其主要应用场景，并认为深度学习未来将在学习者模型的研究和实践中扮演重要角色。除了应用神经网络模型，也有学者基于个性化推荐的深度学习方式进行预测建模。刘淇[57]以教育学习所涉及的试题、学生、教师为对象，以个性化推荐等技术同教育领域知识相结合为手段，介绍了用于试题分析和检索的试题文本表征模型、基于认知诊断的个性化学习资源推荐方法、针对教师的教学建议和指导等方法，以及这些技术所依托的应用平台–科大讯飞在线教育系统"智学网"。

第二节 面向区域教育治理的预测与预警技术

本节将系统阐述面向区域教育治理的预测预警实现方法和相关技术，提出三种较为可行且具有一定前瞻性的预测预警方法路径，即基于推理的预测预警技术、基于传统机器学习的预测预警技术和基于深度学习的预测预警技术。在介绍基于推理的预测预警技术中，将重点说明教育知识图谱的构建方法和推理过程，研究如何对教育治理过程中所产生的结构化和非结构化数据进行整合，实现用统一的语义数据结构（如三元组RDF形式）进行数据存储，[58]进而阐明如何利用区域教育知识图谱对潜在问题进行预测推理，这种方法的核心在于从特定问题的内部理解的角度进行考虑，可实现从语义数据结构中挖掘、发现、推演出相关的隐藏知识或新知识。在介绍基于传统机器学习的预测预警技术中，将主要介绍多元线性回归和CART决策树两种算法的原理和特点，以及这两种方法在区域教育治理预测预警中的应用。在基于深度学习的预测预警技术部分，将介绍如何采用BP神经网络和Bi-LSTM + CRF模型等深度学习算法来辅助区域教育治理的预测预警，其中BP神经网络算法可以将危险性参数中的初始值和最大值的临界值与预测值进行比较，尤其适用于对教育潜在问题的预警。

一、基于推理的预测预警技术

知识图谱（knowledge graph）是目前主流的基于推理的预测预警技术之一，是在大数据的时代背景下产生的一种新型的海量知识管理与服务模式。它是以"语义网络"为骨架构建起来的巨型、网络化的知识系统,能捕捉并呈现领域概念之间的语义关系,使琐碎、零散的知识相互连接,支持综合性知识检索以及问答、决策支持等智能应用。[59] 知识图谱作为知识可视化的载体,能够展示区域教育发展中关键指标项目的内在结构,描述不同教育评价指标之间的相互联系。通过挖掘某一教育评价指标与其他指标的关系图谱,可以实现对指标的预测功能。例如,学生综合素质是学生学习质量的重要组成部分,在人们的预期中可能与学生学业成绩有关;知识图谱可以给我们展现出细致、丰富的关系网络,发现学生综合素质与生师比、数字资源的丰富性等因素具有紧密关系,因此当掌握了生师比、数字资源等数据,就可以对学生综合素质进行较为可靠的推断。知识图谱的体系架构如图6-1所示。

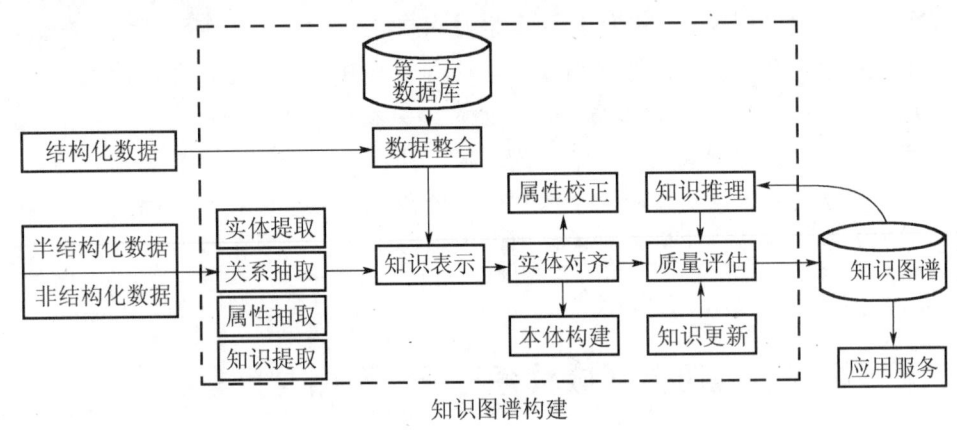

图6-1 知识图谱的体系架构

(一)知识图谱的表示

知识图谱在逻辑上可分为模式层与数据层两个层次,数据层主要是由一系列的事实组成,而知识将以事实为单位进行存储。可以用 < Entity_A, Relation, Entity_B > 这样的三元组来表达事实,[59] 可选择图数据库作为存储介质。模式层构建在数据层之上,是知识图谱的核心,通常采用本体库来管理知识图谱的模式层。本体是结构化知识库的概念模板,通过本体库而形成的知识库不仅层次结构较强,并且冗余程度较小。

(二)知识图谱的构建

知识图谱的构建是建立在数据挖掘、信息处理、知识计量以及可视化的基础之上的。知识图谱的构建过程如图6-1虚线框内部分所示。知识图谱构建从最原始的结构化、半结构化、非结构化数据出发,采用一系列自动或者半自动的技术手段,从原始数据库和第三方数据库中提取知识事实,并将其存入知识库的数据层和模式层。这一过程包含信息抽取、知识表示、知识融合、知识推理四个过程,每一次更新迭代均包含这四个阶段。知识图谱主要有自顶向下与自底向上两种构建方式。自顶向下指的是先为知识图谱定义好本体与数据模式,再将实体加入到知识库。该构建方式需要利用一些现有的结构化知识库作为其基础知识库。自底向上指的是从一些开放链接数据中提取出实体，选择其中置信度较高的加入到知识库，再构建顶层的本体模式。

面向区域教育治理的知识图谱的构建主要分为四个步骤：第一，定义区域教育治理的主题，即区域教育治理过程中关注的内容，主题的确定将依据第三章所建构的区域教育指标评价体系。第二，数据收集与预处理，是要确定数据源以及做必要的数据预处理。第三，从数据中进行信息抽取，将规范化的事实信息和关系信息以三元组的方式存入知识图谱数据库中，这里重点研发从语义数据结构中挖掘、发现、推演出相关的隐藏知识或新知识。第四，实现更上层的应用如搜索、问答、决策、推荐等。

（三）知识图谱的推理

知识图谱的推理是指根据知识图谱中已有的知识，采用某些方法，推理出新的知识或识别知识图谱中错误的知识。随着互联网技术和应用模式的迅猛发展，知识图谱的推理方法也更加多样化，按推理类型划分可分为单步推理和多步推理，同时根据方法的不同，每类又包括基于规则的推理、基于分布式表示的推理、基于神经网络的推理以及混合推理。[60]

在知识图谱的信息抽取中，鉴于规则与词典实体的局限性，项目组将机器学习中的监督学习算法用于命名实体的问题抽取上，将重点实现基于深度学习的命名实体的识别，这是一种基于双向 LSTM 深度神经网络和条件随机场的识别方法。

二、基于传统机器学习的预测预警技术

机器学习是一门多领域交叉学科，涉及概率论、统计学、近似理论、算法复杂度理论等多门学科，是研究计算机怎样模拟或实现人类的学习行为，以获取新的知识或技能，重新组织已有的知识结构使之不断改善自身的性能。机器学习可以依据过往数据或经验来优化计算机程序的性能标准并对未来发展情况进行预测。[61] 传统机器学习的研究方向主要包括回归方法、决策树、随机森林、贝叶斯学习等方面的研究。依托教育治理过程中积累的大量历史数据，借助传统机器学习的方法，可以对未来一段时间范围内区域教育发展态势进行预测，对治理中存在的潜在问题进行预警以提前解除隐患，避免问题发生；如果潜在问题无法预防，还可以及时制定发生后的控制措施，使得问题发生之后能够得到有效控制。在教育研究方向中，有大量的专家利用传统机器学习的方法进行相关问题的预测和预警。例如，Qasem A 等[62]人采用决策树的分类方法创建分类规则来预测学生的期末成绩，以达到提高高等教育质量的目的。通过分析区域教育指标体系中的原始数据和待预测的值发现，区域教育治理过程中涉及的数据特征种类较多，既含有离散型数据，又包括连续型数据。考虑到以上特点，传统机器学习方法中的多元线性回归和 CART 决策树方法较适用于应对区域教育治理中的预测预警需求，下面将对这两种方法进行详细介绍。

（一）多元线性回归

线性回归是利用统计学习中的回归分析方法来确定变量之间的相互关系。它

是基于某个自变量 x 来预测因变量 y。其中当自变量为两个或两个以上且自变量与因变量呈线性关系时，称之为多元线性回归（multiple linear regression，MLR）。

1. 算法原理和特点

多元线性回归用于预测连续型数据，这个模型用斜率、数据范围评估多元线性回归模型之间的联系，多元线性回归方程式如公式（6-1）所示：

$$\hat{y} = \theta_0 + \theta_1 x_1 + \theta_2 x_2 + \cdots + \theta_n x_n \quad (6-1)$$

在众多数据中求得多元线性回归方程，需要使用最小二乘法来建立多元线性回归方程，最小二乘法如公式（6-2）所示：

$$\min \sum (y_i - \hat{y}_i)^2 \quad (6-2)$$

根据最小二乘法来创建代价函数，代价函数利用样本的数据，使得样本的因变量 y_i 与预测值因变量值 $\hat{y}_i$ 之间差的平方和达到最小值，来求得 θ_0，θ_1，$\cdots$，θ_n 的值。代价函数如公式（6-3）所示：

$$J(\theta_0, \theta_1, \cdots, \theta_n) = \frac{1}{2m} \sum_{i=1}^{m} (y_i - \hat{y}_i)^2 \quad (6-3)$$

创建代价函数的目的就是求使得代价函数最小的 θ_0，θ_1，$\cdots$，θ_n 即 $\min_{\theta_0, \theta_1 \cdots \theta_n} J(\theta_0, \theta_1, \cdots, \theta_n)$，可以使用梯度下降的方法来求得 $\min_{\theta_0, \theta_1 \cdots \theta_n} J(\theta_0, \theta_1, \cdots, \theta_n)$，也可以使用正规方程来求得 $\min_{\theta_0, \theta_1 \cdots \theta_n} J(\theta_0, \theta_1, \cdots, \theta_n)$。

梯度下降的算法过程是重复计算公式（6-4），直到求出全部的 θ_j。公式（6-4）求导结果见公式（6-5）。然而当特征较多的情况，如果数据的变化范围比较大，那么利用梯度下降来求参数的值会变得十分艰难，收敛的时间也会延长。此时可以利用特征缩放即标准化数据范围，将数据的变化范围固定在一定区域内来降低花费加快梯度下降的速度。此外学习率 α 也是影响梯度下降收敛的重要因素。梯度下降目的是找到参数 θ_0，θ_1，$\cdots$，θ_n，使得代价函数最小，如果 $J(\theta_0, \theta_1, \cdots, \theta_n) <$ 阈值，说明 $J(\theta_0, \theta_1, \cdots, \theta_n)$ 收敛，学习率 α 影响 $J(\theta_0, \theta_1, \cdots, \theta_n)$ 的收敛。当 α 太小时，$J(\theta_0, \theta_1, \cdots, \theta_n)$ 收敛慢；当 α 太大时，可能不会收敛，或者收敛慢。

$$\theta_j = = \theta_j - \alpha \frac{\partial}{\partial \theta_j} J(\theta_0, \theta_1, \cdots, \theta_n) \quad (6-4)$$

$$\theta_j = = \theta_j - \alpha \frac{1}{m} \sum_{i=1}^{m} (y_i - \hat{y}_i) x_i \quad (6-5)$$

当特征变量数目不大时，可以使用正规方程。正规方程是解公式（6-6）来找出使得代价函数最小的 θ_0，θ_1，$\cdots$，θ_n。其中 X 表示训练集的特征矩阵，y 向量表示训练集结果。

$$\theta = (X^T X)^{-1} X^T y \quad (6-6)$$

多元线性回归的特点是在分析多因素模型时易于理解，具有较强解释性；且速度快、计算不复杂；可对连续型数据类型进行预测。

2. 算法过程

（1）收集数据：收集区域教育治理相关数据。

(2) 数据预处理：由于多元线性回归需要的是数值型数据，故需要数据都统一为数值型数据，如果需要用梯度下降求代价函数的最小值，那么需要对数值进行特征缩放，将数据值控制在一定范围之内。如果使用正规方程，则可以不使用特征缩放。

(3) 分析数据：绘制数据可视化图帮助理解。

(4) 训练算法：将样本分为训练集和测试集，利用样本的训练集训练算法求出回归系数。

(5) 测试算法：利用样本的测试来测试算法的效果。

(6) 利用算法进行区域教育发展态势预测。

(二) CART 决策树

CART 决策树（classification and regression trees）是一种可以处理连续型数据和离散型数据的树构建算法。当待预测数据是连续型数据时生成回归决策树，当带预测数据是离散型时生成分类回归树。它是一种非参数学习的算法，具有数据结构中二叉树的属性。

决策树表示方法是应用最广泛的逻辑方法之一，它从一组无次序、无规则的事例中推理出决策树，表示形式的分类规则。决策树分类方法采用自顶向下的递归方式，在决策树的内部结点进行属性值的比较，根据不同的属性值判断从该结点向下的分支，在决策树的叶结点得到结论。所以，从决策树的根到叶结点的一条路径就对应着一条合取规则，整棵决策树就对应着一组析取表达式规则。

1. 算法原理和特点

CART 决策树算法以资料母群体为根节点，作单因子变异数分析等，找出变异量最大的变项作为分割准则。若判断结果的正确率或涵盖率未满足条件，则再依最大变异量条件长出分岔。

CART 决策树主要有以下特点：

(1) 可解释性强，产生的结果易于理解和掌握；

(2) 能够有效地处理高维数据，并且能够筛选出重要的变量；

(3) 不需要复杂的计算进行分类，而且该技术可以对连续性和离散型变量进行分析；

(4) 决策树在运算过程中速度较快；

(5) 具有比较理想的预测准确率；

(6) 结果为预测或对结果实施分类提供了清晰的依据。

2. CART 决策树用于分类问题

信息熵是对随机变量的不确定性的度量，当熵越大时随机变量的不确定性越高，当熵越小时随机变量的不确定性越低。基于信息熵的特点，用它来解决 CART 决策树的问题。信息熵公式如公式（6-7）所示。其中 p_i 表示有 k 类信息，每个信息所占的比重。生成分类据分数时先计算每个特征的信息熵；每一次划分都取信息熵最小的特征，根据其特征值进行划分；然后返回上步骤中被选择的特征，在每个分支数据中重复计算信息熵和划分的步骤。

$$H = -\sum_{i=1}^{k} p_i \log(p_i) \qquad (6-7)$$

基尼指数同样是一种不确定性度量,可以度量热力的不均衡分布。它介于 0 ~ 1 之间,当基尼指数为 0 时,说明数据类别完全相同;当基尼指数为 1 时,说明数据类别完全不相同。总体中包含的数据越杂,那么基尼指数越高;反之越低。生成分类决策树首先计算整个数据集的基尼指数,选取其中基尼指数最小的特征为划分依据;根据选取的特征的维度和值对数据集进行划分,构建分支;除去这一特征,计算剩下各个特征下所有特征进行基尼指数集计算重复划分步骤,直到 CART 决策树构建结束。

在构建 CART 决策树时由于它是非参数算法,因此要注意过拟合现象。可以使用剪枝来降低算法的复杂度,解决过拟合问题。可以通过以下 4 个方法来解决过拟合问题:限制树的高度;样本数量最少为某一阈值;对于某个叶子节点,要求叶子节点树为某一阈值;控制叶子节点数量。

3. CART 决策树用于回归问题

构建 CART 回归决策树时使用的样本数据与均值差的平方和作为划分指标。由于样本标签是连续型数据,当数据分布较分散时,各个数据与均值的差的平方和较大,方差也较大,此时数据的波动较大;当数据分布较集中式,各个数据与均值差的平方和较小,方差也较小,此时数据的波动较小。构建 CART 回归决策树过程先将数据集分为两份,计算被划分后的两个子数据集的各样本和均值的差的平方和,选取其中值小的作为划分依据。对于每个叶子节点,取各样本标签纸的均值作为预测结果。为防止过拟合现象需要对 CART 回归据册数进行剪枝,剪枝方法分为前剪纸和后减枝,其中前剪枝时通过控制树的深度来实现的,后剪枝是通过训练样本的验证数据来将一些过度拟合现象的节点进行合并。

4. 算法过程

(1) 收集数据:收集区域教育治理中关注的相关主题数据。

(2) 数据预处理:将数据全部转化为数值型数据。

(3) 分析数据:对数据进行可视化展示,以字典方式生成树,字典方式可以理解成是一种以键值(key-value)对的形式存储的数据集合。

(4) 训练算法:将数据集分为训练集和测试集,如果要预测数据是离散型数据使用信息熵或者基尼指数方法来构建分类决策树;如果要预测数据是连续型数据,利用均方差来构建回归决策树。

(5) 测试算法:使用测试数据上的值来分析模型效果。

(6) 将训练好的算法用于区域教育治理中对教育发展态势的预测。

三、基于深度学习的预测预警技术

深度学习是机器学习领域中一个新的研究方向,而机器学习是实现人工智能的必经路径。深度学习是学习样本数据的内在规律和表示层次,这些学习过程中获得的信息有助于对新的信息,特别是文字、图像和声音等数据进行理解和解释。

深度学习的最终目标是让机器能够像人一样具有分析学习能力,能够识别文字、图像和声音等数据。[63]由于物联网、可穿戴设备等信息技术的发展,区域教育治理中获取的数据越来越丰富和多元,不仅包括传统的报送式数据,还增加了声音、视频等伴生性数据,例如,课堂视频数据、师生对话声音数据、睡眠运动数据等。深度学习方法在语音和图像识别方面取得的效果远远超过先前相关技术,在此基础上进行的教育预测和预警也更加精准。

（一）BP 神经网络

BP（back propagation）神经网络是以 Rumelhart 和 McClelland 为首的科学家所提出的概念,是一种按照误差逆向传播算法训练的多层前馈神经网络,是目前应用最为广泛的神经网络之一。BP 也称反向传播,是"误差反向传播"的简称,是一种与最优化方法（如梯度下降法）结合使用的,用来训练人工神经网络的常见方法,统称"BP 神经网络"。该方法可以对网络中所有权重计算损失函数的梯度,这个梯度会反馈给最优化方法,用来更新权值以最小化损失函数。

反向传播要求对每个输入值想得到的已知输出来计算损失函数梯度。因此,通常被认为是一种监督式学习方法,虽然它也用在一些无监督网络（如自动编码器）中,反向传播也是多层前馈网络的 Delta 规则的推广,可以用链式法则对每层迭代计算梯度。反向传播要求人工神经元或"节点"的激励函数可微。

1. 算法原理和特点

算法的实质是利用梯度下降算法,以希望输出实际值与期望输出值的误差均方差最小,基本的 BP 神经网络涉及信号的向前传播和误差的反向传播两个过程。信号向前传播：从输入层通过激活函数到隐藏层变化再到输出层。误差的反向传播,从输出层到隐藏层,最后到输入层,依次调节隐藏层到输出层的权重和偏置。BP 神经网络如图 6-2 所示。

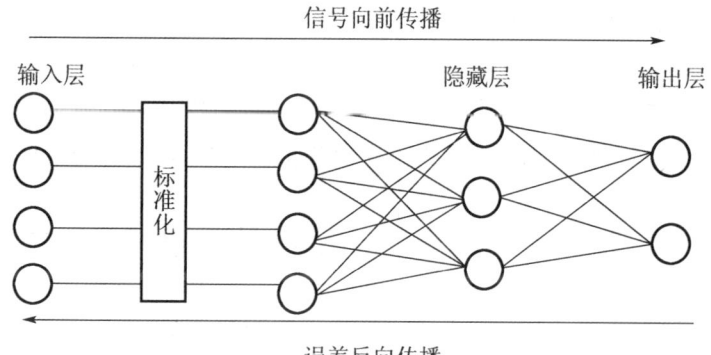

图 6-2　BP 神经网络

BP 神经网络的学习过程中信号向前传播具体过程为：先对学习样本数据进行标准化处理,再选取 k 个样本输入到神经网络中,经过每一层的权重和偏置,计算隐藏层的神经元输出如公式（6-8）所示。其中 $\omega_{ij}^{(L-1)}$ 表示 $L-1$ 层的连接权值,$h_j^{(L-1)}$ 表示 $L-1$ 层的隐藏层神经元输出值,$b_i^{(L)}$ 表示第 L 层的偏置。隐藏层神经元输出通过激活函数映射到最后一层的输出，最后计算输出与目标输出之间的误差均方差。

$$h_i^{(L)} = f(\sum_{j=1}^{s_{L-1}} \omega_{ij}^{(L-1)} h_j^{(L-1)} + b_i^{(L)}) \qquad (6-8)$$

误差的反向传播的具体过程：利用期望输出与实际输出，对误差函数进行梯度下降来修正每一层的偏置和连接权重，计算全局误差，判断误差是否达到预设阈值或者达到学习次数的最大值，如果达到了结束算法，否则选择下一个样本，重新从向前传播开始进行下一轮修正。其中单个样本训练误差函数为公式（6-9）所示。其中 $d_k(i)$ 表示第 i 个样本的第 k 个期望输出值，$y_k(i)$ 第 i 个样本的第 k 个实际输出值。全局误差为公式（6-10）所示：

$$E(i) = \frac{1}{2m} \sum_{k=1}^{n} (d_k(i) - y_k(i))^2 \qquad (6-9)$$

$$E = \frac{1}{2m} \sum_{i=1}^{m} \sum_{k=1}^{n} (d_k(i) - y_k(i))^2 \qquad (6-10)$$

BP 神经网络主要有以下特点。

（1）具有较强的非线性映射能力：实质是实现一个从输入线性函数经过激活函数转化为非线性函数的过程。

（2）具备自学和自适应能力：训练时候，自动提取输出和输出数据间的合理规则，并自适应将学习内容记忆于网络的权重中。

（3）具备较强的泛化能力：能将实验结果应用于新知识。

（4）具有容错能力，在局部或者部分神经元受到破坏后，对全局训练的结果不会造成很大的影响。

2. 算法过程

（1）收集数据：收集区域教育治理中相关主题的数据。

（2）数据预处理：将数据都转化为数值型数据，同时对数据进行标准化处理，使数据值在一定范围内。

（3）训练算法：将数据集分为训练集和测试集，以训练集数据作为预警指标建立 BP 神经网路，在训练过程中使用 Residnal Network 或者 Highway Network 来缓解梯度消失。

（4）进行算法测试，使用测试数据上的值来测试结果，如果过度拟合可以采用 Dropout 方法进行调整。

（5）将训练好的算法用于区域教育治理的预测和预警。

（二）Bi-LSTM + CRF

长短期记忆网络（long short-term memory，简称 LSTM）是一种时间循环神经网络，是为了解决一般的循环神经网络（recurrent neural network，简称 RNN）存在的长期依赖问题而专门设计出来的，LSTM 能比普通 RNN 存储更长的记忆，同时也有更多参数，能在给定的时间步骤中更好地控制存储哪些记忆，丢弃哪些记忆。双向 LSTM（Bi-directional long short-term memory，简称 Bi-LSTM）是 LSTM 的一种改进，由前向 LSTM 与后向 LSTM 组合而成，能够更好地捕捉双向的语义依赖，有效提高 LSTM 预测质量。

条件随机场（conditional random field，简称 CRF）是由 Lafferty 等学者们提出的一种无向图模型，常用于标注或分析序列资料，其主要思想来源于 HMM，也是一种用来标记和切分序列化数据的统计模型。不同的是，CRF 是在给定观察的标记序列下，计算整个标记序列的联合概率，而 HMM 是在给定当前状态下，定义下一个状态的分布。CRF 结合了最大熵模型和隐马尔可夫模型的特点，其特点是假设输出随机变量构成马尔可夫随机场，因此也可被看作是最大熵马尔可夫模型在标注问题上的推广。

Bi-LSTM + CRF 模型的结构是由 Word Embedding、Bi-LSTM 层、CRF 层构成，其模型结构如图 6-3 所示。Word Embedding 使用 Unigram、Bi-Gram、Tri-Gram 的特征，使用了 50 维的词向量；Bi-LSTM 层充分提取词前后的特征，这种特征能够提升标签的准确度；CRF 层是连接 LSTM 输出的线性表示，CRF 层具有状态转移矩阵作为参数。

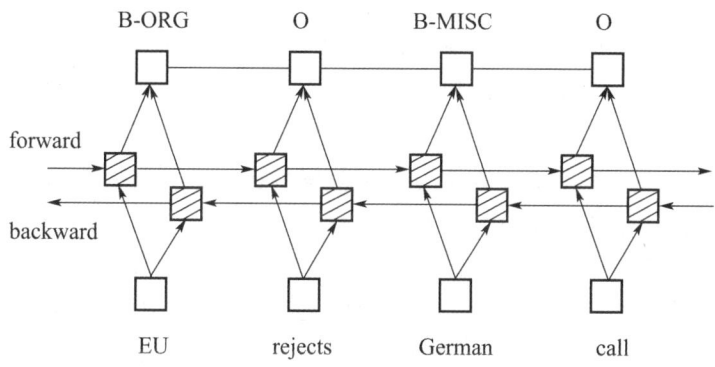

图 6-3 Bi-LSTM + CRF 模型结构

在知识表示方法中将以深度学习的表示学习技术为主进行技术更新。传统知识表示主要依赖资源描述框架（resource description framework，简称 RDF）的三元组 SPO（subject, property, object）来符号性描述实体之间的关系。这种表示方法通用简单，受到广泛认可，但是其在计算效率、数据稀疏性等方面面临诸多问题。近年来，以深度学习为代表的以深度学习为代表的表示学习技术取得了重要的进展，可以将实体的语义信息表示为稠密低维实值向量，进而在低维空间中高效计算实体、关系及其之间的复杂语义关联，对知识库的构建、推理、融合以及应用均具有重要的意义。知识表示方法的代表模型有距离模型、单层神经网络模型、双线性模型、神经张量模型、矩阵分解模型、翻译模型等。单层神经网络模型较适用于实现区域教育治理中的预测和预警功能，该模型针对距离模型中的缺陷，提出了采用单层神经网络的非线性模型（single layer model，简称 SLM），模型为知识库中每个三元组（h，r，t）定义了以下形式的评价函数：

$$f_r(h, t) = u_r^T g(M_{r,1} l_h + M_{r,2} l_t) \tag{6-11}$$

式中，u_t 的 T 次幂 $\in R$ 的 k 次幂为关系 r 的向量化表示；$g(\ )$ 为 tanh 函数；$M_r, 1 \times M_r, 2 \in R$ 的 k 次幂是通过关系 r 定义的两个矩阵。

第三节　小结

通过综合使用相关的预测与预警技术，有助于提高区域教育治理的前瞻性、有效性和科学性。本章首先说明了预测和预警在区域教育治理中的重要作用，厘清预测与预警的概念，并阐述了国内外学者在教育预测预警方面的相关研究。随后，详细介绍了知识图谱、多元线性回归、CART 决策树、BP 神经网络、Bi-LSTM 等算法原理和特点，以及对上述技术在区域教育治理预测与预警中的应用过程进行了简要分析。在此基础上，为了综合发挥各类技术的优势，及时向政府部门及其他治理主体反馈信息，未来政府应借助专业力量建设面向区域教育治理大数据预测预警系统，该系统可自动采集和集成监测数据，能够对数据进行预处理并分析实时监测数据的基本特点，进而借助知识图谱、回归算法、决策树等多种算法对教育发展态势进行预测。教育预警功能的实现要比预测功能更具有挑战性，其核心是要区分正常数据和危险数据，在确定实时监测数据的监测周期基础上，将属于一个监测周期内的实时数据作为一个数据集合，提取每个数据集合中的最大值、均值和最大增长速率特征值作为监测数据特征参数，将一个检测周期内测定的初始数值和最大数值与该检测周期内的监测数据特征参数相结合，形成问题危险性样本；根据问题危险性样本进行问题预测，得到问题发生检测参数初始值和最大值的预测值；将危险性参数中的初始值和最大值的临界值与预测值进行比较，如果预测值大于等于临界值则进行问题预警，如果预测值小于临界值则不预警（图 6-4）。

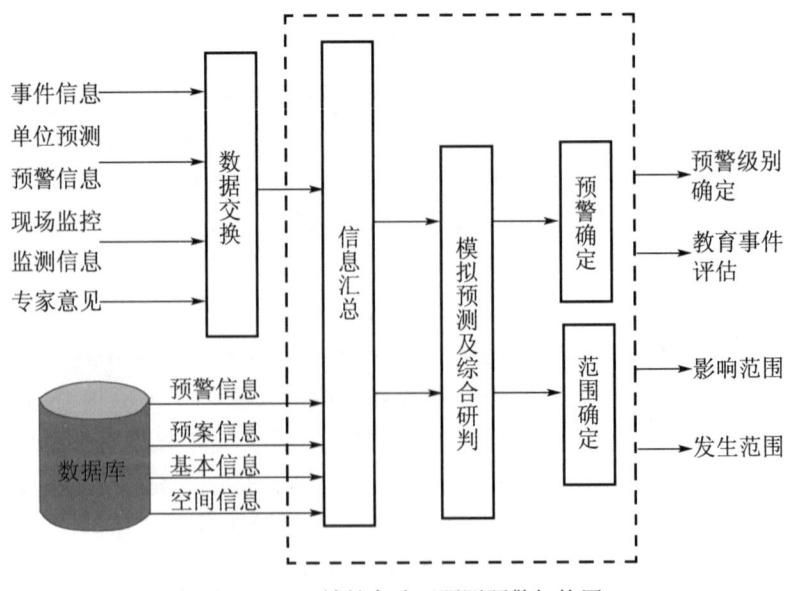

图 6-4　区域教育治理预测预警架构图

第七章 护航区域教育大数据健康安全发展

全球范围内，信息技术对教育的革命性影响已初步显现。运用大数据推动教育发展、提升政府治理能力正成为趋势，发达国家相继制定实施大数据战略性文件，大力推动大数据与教育的融合发展和应用。我国教育信息化事业实现了前所未有的快速发展，信息技术设备更新换代，智慧教育取得重要突破，信息技术应用能力显著提高，拥有巨大的数据资源潜能和应用优势。坚持创新驱动发展，加快大数据部署，深化大数据应用，已成为推动教育改革、提升教育质量、促进教育公平，推动教育治理能力现代化的内在需要和必然选择。基于大数据而开展的教育治理将成为新常态，大数据的应用为提升教育评价和决策水平呈现美好图景。我们需正视大数据对教育产生的革命性影响，肯定大数据与区域教育治理融合发展产生的积极作用，也需认清大数据时代信息安全所面临的挑战。教育是特殊的社会子系统，事关亿万青少年儿童健康成长，事关国家和民族的未来，教育信息安全建设具有极大的紧迫性，在挖掘大教育价值的同时也要为其健康发展设置"看门人"。为了更好地了解区域教育发展状态，提高治理效能，政府、学校等各类教育治理主体采集和掌握了数量巨大、类型多样、涵盖面广泛的数据资源。如何建立区域教育治理安全保障体系，促进区域教育大数据健康规范发展，值得高度重视与深入研究。本章试图从数据安全、系统安全、应用安全三方面探讨区域教育治理大数据的健康安全问题。

第一节 构建贯穿大数据采集、存储、使用全过程的安全健康发展体系

一、规范数据采集，从源头保障数据优质安全

保障数据安全、高效、有序地进行采集是区域教育治理大数据建设的基础，也是教育信息规范健康发展的首要环节。在采集过程中要注意以下几点：

（1）应确保数据具有较高的质量，数据采集质量直接关系区域教育治理的效能，应采取适当的措施提高数据的准确性、可用性、完整性和实效性，建立数据纠错机制，建立定期检查数据质量的机制。

（2）要坚持精简高效原则，区域教育治理大数据平台的建设旨在改善政府的治理结构，提高教育决策的效率，节约运行成本，通过推进平台的贯通和整合实现相同信息的单一采集，达到数据资源共用共享的目标，数据共用共享本质上在于通过减少信息源头、提升数据信息的标准化，提高资源使用效率，因此要推进数据采集、指标口径、分类目录、交换接口、访问接口等关键共性标准的制定和实施。

（3）要保证被采集数据的个体拥有知情权，区域教育治理过程中采集的数据

主要涉及四类个人信息：第一，事实性个人信息，包括姓名、住址、学历、民族、身份证号码和财产资料等。第二，评估性个人信息，例如考试成绩、操行评定等。第三，行为性个人信息，这类数据可以记录学生与教师的真实行为与活动轨迹，例如上课状态、图书借阅状态、出勤打卡情况、睡眠健康状况等，这类信息采集随着大数据技术的发展而应用逐渐普遍、范围逐渐扩大。第四，统计性个人信息，通过汇报填表等方式收集个体对教育现象的了解程度、态度、情感等。在采集数据之前要确保学生、教师等被采集对象知晓数据采集的目的、数据采集流程与时间、数据存储与加工情况以及数据使用情况，避免为了获得数据而故意隐瞒、扭曲、遗漏关键信息。此外，要遵守自愿原则，数据采集需要在被采集者充分知情的前提下进行并需要征得其同意，收集使用未成年人信息应当取得监护人同意、授权。政府机构和专家学者在数据信息的占有量和数据挖掘能力方面具有天然优势，相较而言，处于弱势地位的教师和学生个体常常迫于压力而不得不填写问卷、提供数据，因此，坚持自愿原则具有极大的必要性。最后，坚持数据采集范围最小化原则，明确数据采集目的、内容与范围，力争只采集和处理满足目的所需的最小数据，不得收集与主题、内容无关的信息，特别要注重事实性和行为性信息的采集范围问题，一般采集原始初级数据，对于可通过分析计算得到的次级数据不重复采集。

二、提升数据存储防护水平，实施数据分类规范化管理

大数据驱动下的区域教育治理平台拥有数量巨大、范围较广、种类较多的信息和数字资源，不仅包括结构化的数据，而且还包括声音、图像、视频信息，这对于存储空间和技术安全提出了较高的要求。

（1）在存储过程中要采用教育大数据脱敏技术提高防护水平。数据脱敏也被称为数据混淆，也涵盖了数据保密、数据消毒、数据扰频、数据匿名化和数据认证等意思，以实现对生物特征信息、身份信息等敏感数据脱敏的功能。区域教育采集到的数据中有些是可以确切识别定位某机构或个人的信息，例如学籍信息等，而另外一些虽不能直接识别，但是可通过多种信息拼接进行身份推断识别，例如教务信息、健康信息等。通过隐藏敏感数据，可以防止数据被窃取、攻击和滥用，提高区域教育大数据的安全性和保密等级，由于大数据时代数据发布的动态性以及学习、教学、管理等数据的多来源性，脱敏技术需不断改进，并不断开发新的匿名保护模型，以适应大数据时代隐私保护的需求。

（2）建立区域教育领域敏感数据识别规范标准，依据信息的敏感程度对数据进行分类、分级存储与管理，对涉及国家利益、公共安全以及区域教育发展的核心数据以及个人身份敏感信息的重要数据要加强保护，确保其存储位置的安全性。同时，采用数据标签对创建数据、存储数据、传输数据和销毁数据提供技术上和操作上的规范，在医疗、军事、审计等领域，敏感数据分类管理办法已相继建立，但是在教育领域，敏感数据识别规范标准还少有人研究和实践，应通过多学科的交叉推动教育治理领域大数据的分类存储和规范化管理。

三、规范数据使用与发布，厘清区域教育数据开放的边界

大数据的应用是以服务于区域教育发展为目标，以提高区域教育治理水平、促进学生发展、实现人民满意教育为标准的治理手段。区域教育治理系统中存储的大数据主要供政府和高校、研究院等非盈利机构使用，以服务科学研究和政府评估与决策，数据一般不提供给营利机构或应用于盈利目的。在区域教育成果发布中，一般不直接发布原始数据，而是发布经过加工处理和脱敏之后的数据，发布的数据内容应将教育领域中涉及个人隐私和机构隐私的相关信息进行相应的变换或移除。在使用和发布过程中，要建立制度、技术防御等手段保护保障机构权益不受侵害，保障学生和教师个体免受侵扰，确保关键信息不能被直接获悉、暴露和恶意使用。

为了促进区域教育协同发展和数据的高效使用，鼓励数据共享、推进教育数据在区域内逐渐开放成为必然趋势，美国、英国等发达国家的教育基础数据已经实现较大范围的开放与应用，而我国仍处在各自为政、封闭孤立状态，因此在区域内探索逐渐实现教育数据的共享、开放与融通具有较大必要性。一方面，鼓励区域内的教育主体之间相互开放区域教育大数据资源，相互获取和使用对方数据资源或共同数据资源，原则上只有同意在区域教育数据资源池中共享数据资源的主体单位，包括政府部门、教育主管机构、学校、社会非营利组织等，才可以获得查看、使用其他主体单位数据资源的权利。另一方面，建立教育公共数据分类开放制度，根据数据性质、用途可能存在的权益等因素对数据进行科学分类，建立无条件开放、有条件开放和不予开放的数据分类体系和清单，部分教育基础数据可尝试无偿对社会公众开放，对有条件开放的条件及其适用做出清晰界定，目的是使公共机构所掌握的公共数据得到有效利用并发挥其社会功用，建立严密保护、逐层开放、有序共享的良性机制。

第二节　护航系统平台安全健康发展

目前以系统平台为依托的数据管理已成为大数据时代数据管理的重要趋势，系统平台安全是区域教育治理大数据工作顺利开展的保证。系统平台的安全可以形象地归结为"三把锁"：第一把锁是计算机硬件系统和环境的可靠性；第二把锁是通信网络的安全屏障；第三把锁是数据库系统的保密性和安全性。计算机硬件系统的安全是指各类设备的稳定性和可靠性，要重视机房安全建设，制定机房管理制度，服务器、交换机、网络通信设备是区域教育大数据系统平台建设的重要硬件组成，需放置于特定的计算机机房内，需保证场地空间、电路、网络等辅助条件的便利与充足，无特殊情况设备一般不做他用，并装设密码锁、门禁系统等安全保护措施。网络安全主要是指计算机网络安全，网络系统的硬件、软件及其系统中的数据受到保护，不因偶然的或者恶意的原因而遭受到破坏、更改、泄露，不使非法用户入侵系统资源。为保障网络安全，要为通信网络建立安全屏障，保

证局域网的安全，对每类用户根据其在系统中的操作级别，可以授予不同的访问权限，用户的操作级别可以划分为系统管理员、数据库管理员、超级用户、一般用户等，一般用户又根据其工作性质划分为不同的用户组。坚持最小授权原则，即在满足各类教育治理主体需求的基础上赋予访问对象最小化的权限，赋予数据活动主题最小操作权限和最小数据集，制定数据访问授权审批流程，对数据活动主题的数据操作权限和范围变更制定申请和审批流程，及时回收过期的数据访问权限。对数据传输采用加密措施，访问权限应搭建相应的认证体系，业务账号如邮件账号、FTP 服务器访问账号等应与用户认证的账号统一，以提供基于用户行为的策略管控，防止越权行为的发生。此外，保障网络安全和数据库安全还要依靠防火墙技术。防火墙是计算机硬件和软件的结合，使内网和外网之间建立起一个安全网关，从而保护内容免受非法用户侵入。理想的防火墙应具有高度的安全性、高度的透明性和良好的网络性能，它可以作为内部网络安全的屏障。由于区域教育治理大数据系统平台安全要求高、涉及数据种类复杂，传统防火墙多采用异常行为特征码静态表达的方式，无法满足数据中心严格降低风险的要求，未知威胁可以轻易穿透传统安全手段渗入数据中心内部，应采用多维动态特征异常检测引擎，将异常行为、恶意行为特征码通过多维度提炼，动态进行表达，使得特征表达更加全面、精准、有效，提高防火墙入侵防御系统的命中质量，为区域教育大数据中心的安全提供精准的已知威胁拦截能力和有效的未知威胁防御能力。同时，要进行内外网分类设置，实现内网办公数据与公网出口数据的分离，保证数据中心内部办公数据的保密性，并对试图进入到内网的攻击进行实时防护，有效保障内部网络安全。

第三节　提高信息素养，确保数据应用的安全与合规

提高信息素养和数据应用能力是发挥大数据效能，提高教育治理能力的内在需要。规范大数据应用要从以下几点切入。

一、要建立健全有关信息安全的法律制度

教育大数据技术快速发展，但是相关法律法规没能及时跟进，立法工作相对滞后，教育领域中规范大数据发展的内容尚不健全，教育大数据使用中的权责问题也较不清晰，规则缺席是大数据应用失范的重要原因。政府应组织教育、信息技术、计算机等领域行业专家和相关企业共同修订完善法律法规，通过立法保护个人信息隐私、机构的数据安全和合法权益。目前，《中华人民共和国未成年人保护法》《侵权责任法》和《网络安全法》在宏观上保障了公众的隐私权，我国应加紧制定诸如教育信息保护法、教育大数据安全法等具有针对性、可操作性、更加细化的法律法规，明确教育治理中大数据的使用管理细则。

二、建立多方协同联动的监督、审查、管理机制

区域教育治理大数据资源的建设和监管应由教育部门牵头，网络信息部门、

电信主管部门、公安部门等部门配合的合力系统，同时，应当加强政府部门、高校专业机构、行业协会和企业之间的合作，通过人工筛查和专业技术检验相结合的方式，对教育大数据和系统平台的使用建立常态化的监测预警通报机制，对于安全漏洞及时补齐更新，对于违法违规行为严格查处。建立区域教育大数据安全管理委员会，实现对大数据平台和业务各环节的数据审计，记录并审查大数据活动中主要操作的相关信息，且保证记录不可伪造和篡改，采取有效技术措施保证对大数据活动的所有操作可追溯，以达到良好的审计的目的。明确教育行政主管部门和技术主管部门在区域教育大数据的责任，承担保障数据质量的责任，保证官方数据的真实性、准确性、科学性和代表性，依据区域教育发展的目标，有计划地实施数据采集、存储、分析、使用等建设工作，使得区域教育大数据系统能够有效服务于政府治理，促进区域教育优质均衡可持续发展。政府要承担保护区域教育大数据安全、防止数据泄露的主要责任，制定数据泄露防护规则及奖惩标准，对数据泄露并引起较大社会负面效应的现象要严肃追责。

三、提升师生信息素养

提高教育相关机构人员的信息保护意识，提高学生和教师个人信息保护意识，自觉保护重要信息和敏感信息，使其清楚意识到信息安全的重要性，从源头切断信息泄露的可能。目前未成年人的信息保护意识不强，随意提交个人身份信息等现象屡见不鲜，应当加强有关信息素养的宣传引导和教育，以开学教育、班会、安全宣传周等活动为契机，培养广大师生信息安全意识，提升其防范侵害的能力，全方位地提高信息素养。同时，要着力加强教育行政部门、学校等数据管理机构人员的信息素养。调查发现，80%以上的数据、信息泄露不是黑客攻击等外在不安全因素导致的，而是由于管理人员缺乏安全防范意识，有意或无意进行了数据泄露。应加快高素质的教育大数据专业人才培养，加强组织管理和技术人员培训，制定机构内部数据和平台管理规范，提高管理人员的信息安全防护意识，将规范区域教育数据管理、平台管理作为重要内容，切实提高管理水平和保障能力。

参考文献

[1] 褚宏启. 教育治理：以共治求善治 [J]. 教育研究, 2014 (10): 4-11.

[2] 詹春青. 区域基础教育治理现代化的现实路径 [J]. 教育评论, 2016, (3), 47-50.

[3] 杨清. 区域教育治理体系现代化：内涵、原则与路径 [J]. 教育学术月刊, 2015.

[4] 王连照. 教育问题区域治理的主要场域与关键事项 [J]. 教育研究, 2018, 64-67.

[5] 黄光扬. 教育测量与评价 [M]. 2版. 上海：华东师范大学出版社, 2019.

[6] Stufflebeam, D. L., & Medaus, G. F., & Kellaghan, T., Evaluation Models: Viewpoints on Educational and Human Services Evaluation (2nd ed.) [M]. Boston: Academic Publishers, 2000.

[7] 肖远军. CIPP教育评价模式探析 [J]. 教育科学, 1985, 9 (3).

[8] Johnstone, J. N. Indicators of Education System [M]. Paris: UNESCO, 1981.

[9] 周艳. 试论美国教育评价模式的价值转换 [J]. 柳州师专学报, 1996 (4): 48-51.

[10] 陈玉琨. 中国高等教育评价论 [M]. 广州：广东高等教育出版社, 1993.

[11] 简茂发, 李琪明. 当代教育指标 [M]. 台北：学富文化事业有限公司, 2001.

[12] 董建红. 联合国教科文组织教育质量框架探析 [J]. 教育发展研究, 2007, 25-28.

[13] 董焱, 王秀军, 张珏. 教育现代化发展评价指标体系研究 [J]. 教育发展研究, 2012 (21).

[14] 中国教育科学研究院中国教育发展报告课题组. 中国教育综合发展水平研究 [J]. 教育研究, 2013 (12).

[15] 高书国. 教育指标体系——大数据时代的战略工具 [M]. 北京：北京师范大学出版社, 2015.

[16] 高丙成, 陈如平. 我国普通高中教育综合发展水平研究 [J]. 教育研究, 2013 (9): 58-66.

[17] 中华人民共和国教育部. 国家中长期教育改革和发展规划纲要（2010—2020年）[M]. 北京：人民出版社, 2010.

[18] 高光贵. 多指标综合评价中指标权重确定及分值转换方法研究 [J]. 经济师, 2003 (03): 265-266.

[19] 王靖, 张金锁. 综合评价中确定权重向量的几种方法比较 [J]. 河北工业大学学报, 2001 (02): 52-57.

[20] 刘鹏, 张园林, 晏湘涛, 等. 基于专家动态权重的群组AHP交互式决策方

法［J］. 数学的实践与认识，2007（13）：85 - 90.

［21］ Bekir Sahina, Tsz Leung Yip. Shipping technology selection for dynamic capability based on improved Gaussian fuzzy AHP model［J］. *Ocean Engineering*，2017（136）：233 - 242.

［22］ Crawford, G. , Williams, C. , A note on the analysis of subjective judgment matrices［J］. J. Math. Psychol. 1985（29）：387 – 405.

［23］ Aguaron, J. , Moreno-Jiménez, J. M. , The geometric consistency index：approximated thresholds. Eur. J. Oper. Res. 2003（147）：137 – 145.

［24］ 周若松，王志娟. 浅谈大数据对教育的影响［J］. 高教学刊，2015（13）：5 - 6.

［25］ 孙洪涛，郑勤华. 教育大数据的核心技术、应用现状与发展趋势［J］. 远程教育杂志，2016，34（5）：41 - 49.

［26］ 李振，周东岱，董晓晓，等. 我国教育大数据的研究现状、问题与对策——基于CNKI学术期刊的内容分析［J］. 现代远距离教育，2019（01）：46 - 55.

［27］ 金生鈜. 大数据教育测评的规训隐忧——对教育工具化的哲学审视［J］. 教育研究，2019，40（08）：33 - 41.

［28］ 刘清堂，张思，范桂林，等. 教育大数据视角下的内容语义分析模型及应用研究［J］. 电化教育研究，2017，38（1）：54 - 61.

［29］ 吴林静，劳传媛，刘清堂，等. 网络学习空间中的在线学习行为分析模型及应用研究［J］. 现代教育技术，2018，28（06）：46 - 53.

［30］ Bogarín, A. , Cerezo, R. , & Romero, C. A survey on educational process mining. *Wiley Interdisciplinary Reviews*：*Data Mining and Knowledge Discovery*，2018，8（1）：e1230.

［31］ Vieira, C. , Parsons, P. , & Byrd, V. Visual learning analytics of educational data：A systematic literature review and research agenda. *Computers & Education*，2018（122）：119 - 135.

［32］ 余胜泉，李晓庆. 区域性教育大数据总体架构与应用模型［J］. 中国电化教育，2019（01）：18 - 27.

［33］ 李宝，张东红. 教育大数据下个性化资源推送服务框架设计［J］. 中国远程教育，2017（9）：62 - 69.

［34］ 李有增，曾浩. 基于学生行为分析模型的高校智慧校园教育大数据应用研究［J］. 中国电化教育，2018（7）：33 - 38.

［35］ 牟智佳，俞显. 教育大数据背景下智能测评研究的现实审视与发展趋向［J］. 中国远程教育，2018（5）：55 - 62.

［36］ 蔡剑桥. 基于大数据的教育决策模式演进与趋势研究［J］. 教育科学研究，2018（02）：35 - 41.

［37］ 刘博文，吴永和，肖玉敏，等. 构筑大数据时代教育数据的新生态——国内外国家级教育数据机构的现状与反思［J］. 开放教育研究，2019，25

(03): 103-112.

[38] Diao, J. W., & Yang, H. S. Research on Education Big Data Mining based on "Internet +" Environment. In 2018 2*nd International Conference on Education, Economics and Management Research*(ICEEMR 2018). Atlantis Press. 2018.

[39] Verma, S. K., & Thakur, R. S. Fuzzy Association Rule Mining based Model to Predict Students' Performance. International Journal of Electrical & Computer Engineering (2088-8708), 2017, 7 (4).

[40] Chatterjee, A., Marachi, C., Natekar, S., Rai, C., & Yeung, F. Using Logistic Regression Model to Identify Student Characteristics to Tailor Graduation Initiatives. College Student Journal, 2018, 52 (3): 352-360.

[41] Srivastava, S., Karigar, S., Khanna, R., & Agarwal, R. Educational Data Mining: Classifier Comparison for the Course Selection Process. In 2018 International Conference on Smart Computing and Electronic Enterprise (ICSCEE) 2018: 1-5.

[42] Bharara, S., Sabitha, S., & Bansal, A. Application of learning analytics using clustering data Mining for Students' disposition analysis. *Education and Information Technologies*, 2018, 23 (2), 957-984.

[43] Ueno, M. Online outlier detection system for learning time data in E-learning and It's evaluation. *Proc. of Computers and Advanced Technology in Education*. 2004.

[44] 陈德鑫, 占袁圆, 杨兵. 深度学习技术在教育大数据挖掘领域的应用分析 [J]. 电化教育研究, 2019, 40 (02): 68-76.

[45] 胡咏梅, 唐一鹏. 我国"十四五"期间高等教育在校生规模和财政投资规模预测 [J]. 重庆高教研究, 2019, 7 (01): 10-22.

[46] 李翌, 蒋开君. 青海省研究生教育规模的影响因素及预测 [J]. 重庆高教研究, 2019, 7 (06): 58-69.

[47] Burgos, C., Campanario, M. L., de la Pena, D., Lara, J. A., Lizcano, D., & Martínez, M. A. Data mining for modeling students' performance: A tutoring action plan to prevent academic dropout. Computers & Electrical Engineering, 2018 (66): 541-556.

[48] 刘邦奇, 李鑫. 智慧课堂数据挖掘分析与应用实证研究 [J]. 电化教育研究, 2018 (6): 10.

[49] 陈子健, 朱晓亮. 基于教育数据挖掘的在线学习者学业成绩预测建模研究 [J]. 中国电化教育, 2017 (12): 75-81.

[50] Baker, R. S., & Inventado, P. S. Educational data mining and learning analytics. In Learning analytics Springer, New York, NY. 2014: 61-75.

[51] Bakhshinategh, B., Zaiane, O. R., ElAtia, S., & Ipperciel, D. Educational data mining applications and tasks: A survey of the last 10 years. Education and Information Technologies, 2018, 23 (1): 537-553.

[52] Siahaan, A. P. U., Ikhwan, A., & Aryza, S. A Novelty of Data Mining for Promo-

ting Education based on FP-Growth Algorithm, 2018.

[53] Fernandes, E., Holanda, M., Victorino, M., Borges, V., Carvalho, R., & Van Erven, G. Educational data mining: Predictive analysis of academic performance of public school students in the capital of Brazil. Journal of Business Research, 2019 (94): 335 – 343.

[54] 晏富宗, 胡海青. 基于 BP 神经网络的区域高等教育规模预测研究——以江西省为例 [J]. 教育学术月刊, 2013 (12): 52 – 55.

[55] 王宪莲, 安凤平. 基于权重初始化 – 多层卷积神经网络滑动窗口融合的高等教育办学规模预测算法 [J]. 信息技术与信息化, 2019 (10): 24 – 29.

[56] 徐鹏飞, 郑勤华, 陈耀华, 等. 教育数据挖掘中的学习者建模研究 [J]. 中国远程教育, 2018 (6): 5 – 11.

[57] 刘淇, 陈恩红, 朱天宇, 等. 面向在线智慧学习的教育数据挖掘技术研究 [J]. 模式识别与人工智能, 2018 (1): 77 – 90.

[58] 常圣, 马宏, 刘树新. 基于三元组结构的有向网链路预测方法 [J]. 网络与信息安全学报, 2019, 5 (05): 39 – 47.

[59] 于彤, 刘静, 贾李蓉, 等. 大型中医药知识图谱构建研究 [J]. 中国数字医学, 2015, 10 (3): 80 – 82.

[60] 官赛萍, 靳小龙, 贾岩涛, 等. 面向知识图谱的知识推理研究进展 [J]. 软件学报, 2018, 29 (10): 2966 – 2994.

[61] 杨东红, 吴邦安, 孙晓春. 基于机器学习的网络评论信息有用性预测模型研究 [J]. 情报科学, 2019, 37 (12): 34 – 39.

[62] Al-Radaideh, Q. A., Al-Shawakfa, E. M., & Al-Najjar, M. I. Mining student data using decision trees. In International Arab Conference on Information Technology (ACIT' 2006), Yarmouk University, Jordan. 2006.

[63] 黄志芳, 周瑞婕, 赵呈领, 等. 面向深度学习的混合式学习模式设计及实证研究 [J]. 中国电化教育, 2019 (11): 120 – 128.